天下文化
BELIEVE IN READING

訂做自己

激發改變性格的天賦，
擺脫過去，重新成為理想的你

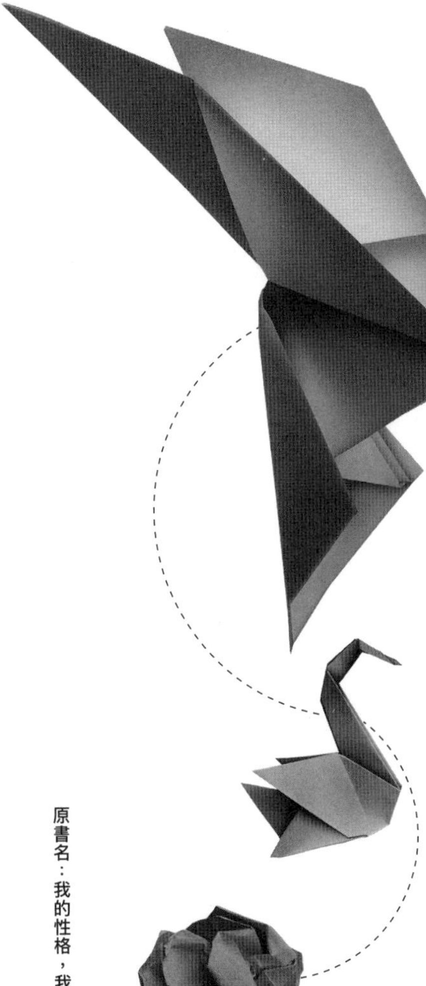

原書名：我的性格，我決定

班傑明．哈迪——著
林俊宏——譯

AMAZON
年度暢銷書
五顆星評價
★★★★★

PERSONALITY ISN'T PERMANENT

Break Free from Self-Limiting Beliefs and Rewrite Your Story

Benjamin Hardy

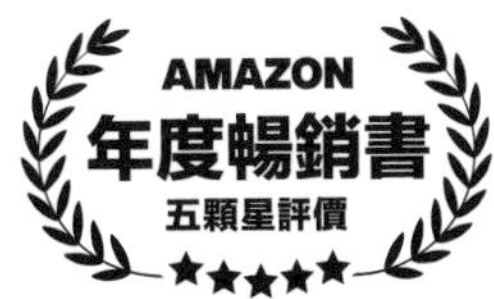

天下文化 遠見

獻給蘿倫

謝謝妳不需任何理由
就把自己託付給我。時至今日，
我依然沒有太多值得你託付的道理。但我永遠愛妳。
希望我倆的未來永遠比過去更為光明。

本書附有「《訂做自己》我的預約單」，一步步帶領讀者寫下「理想的你」。請自行掃描QR Code下載檔案，搭配本書內容來練習，效果更佳。

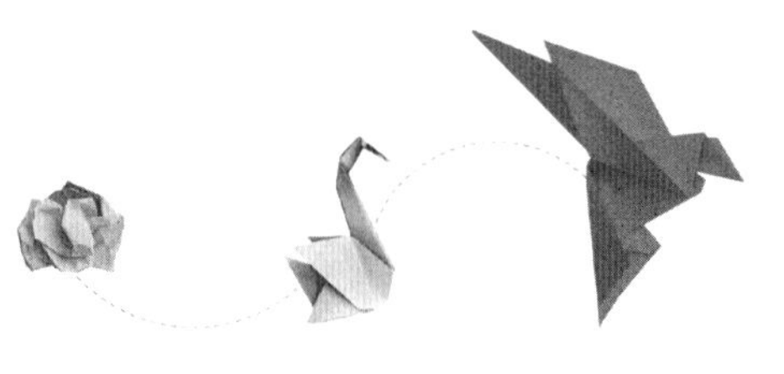

目次

一幅畫從來不會真正畫完，

只是在有趣的地方停筆而已。

——保羅・加德納（Paul Gardner）[1]

前言

想改頭換面，請忘掉愚蠢的性格測驗

在這世上，我最愛的人就是我太太，我們有五個寶貝孩子。但當初她差一點就不會嫁給我，只因為一個性格測驗。

在我念大學時很流行一套「色彩密碼」（Color Code）性格測驗，測驗將所有人分成四種顏色：「紅色性格」代表充滿衝勁和進取心，抱負與自利是前進的動力；「藍色性格」強調內心感受，重視人際關係；「白色性格」著重內省，往往比較被動；「黃色性格」則會追求樂趣，是派對上的靈魂人物[1]。

蘿倫是紅色性格，所以當她家人發現我居然是白色性格，擔心得不得了。她的前夫也是紅色性格，不僅滿腦子想的只有自己，還會虐待她。蘿倫的爸媽認為，她之所以看上完全是另一個極端的我，多半只是一時矯枉過正，或是因為前段婚姻的創傷而小心過頭。

蘿倫一家和許多深信性格測驗的人一樣，覺得這套色彩密碼有一定的真實性。他們戴上這些性格測驗的眼鏡，把看到的人全都歸類成這四種。

蘿倫的家人擔心：「這傢伙是白色，而蘿倫是紅色，她一定會把他吃得死死的。但蘿倫需要一個真正的男人，白色性格可不行！」

蘿倫也有一樣的顧慮：紅色性格跟白色性格真的速配嗎？白色性格在工作上很難有發展；白色性格的耳根子太軟；白色性格充滿夢想，但缺乏長期堅持追求目標的韌性……

幸好，蘿倫決定給我一次機會，她開始真正試著認識我。我們認真交往一段時間，關係一直很不錯，她終於拋下原先對白色性格的成見、父母最初的顧慮，願意大膽的選擇和我在一起。

蘿倫和我現在回想起這件事，不免覺得荒謬至極。如今我們的婚姻美滿，有五個孩子，我們兩個後來讀心理學的時間加起來長達十四年。但這不能改變當初的事實：**性格測驗差點毀了我們的人生**。

被性格測驗誤會或冤枉的，絕不只有我一個。你也可能是這場流行病的犧牲品。現代文化充斥著像是色彩密碼這樣的「性格」框架，一些知名的大壞蛋還包括：邁爾斯－布里格斯性格分類指標（MBTI）、DISC性格測驗（DISC assessment）、溫斯洛性格測驗（Winslow Personality Test）、五大人格特質量表（NEO）、HEXACO人格模式、伯樂門性格密碼（Birkman Method）、九型人格（Enneagram）、墨跡測驗（inkblot）等等。

這份清單可以一直列下去，怎麼列也列不完。彷彿每一天都會再冒出幾百種新的性格測驗。

人們對「性格」的痴迷實在已經近乎荒謬，讓臉書不得不在二〇一九年宣布禁止「功能有限」的外掛應用程式[2]，也就是那些五花八門的性格測驗小遊戲。因為在這之前，已經有超過八千七百萬名用戶只因為想知道性格測驗答案，自願放棄個資。

你，是哪一種人？

性格測驗看起來的確既好玩又有趣，但這些測驗和背後關於「性格」的理論都隱藏著一個黑暗的現實：無數人的一生可能因此而發展受限、甚至是遭到毀滅。

一般主流觀點認為，你的性格就是內心深處那個真實的你，性格是「天生的」、而且「永遠不變」。因此每個人都應該收集足夠的資訊（也就是要找到對的性格測驗），以找出深藏在內心的真正性格。

等到找出這項重中之重，你就能以此為核心，順利打造自己的人生。雖然這樣打造出來的人生，可能並不是你想選擇的人生，但這就是你「命中註定」的人生。你手上拿到的牌就是這樣，想要逆天而行根本是痴心妄想，只會導致災難與痛苦。

這一切都好像在說：**你一出生就已經確定你是怎樣的人，不會再有任何改變**。

然而，事實上幾乎人人都想改變自己的性格。伊利諾大學的最新研究指出：超過九○%的人對自己的性格特質感到不滿，希望能有所改善[3]。

大家都想改變自己的人生，卻因為遭到誤導，以為沒有改變的可能。

許多知名心理學派主張性格是天生如此、無法改變的。之所以會認為性格固定不變，是因為心理學家向來十分重視「過去」。許多性格理論都認為：**從過去最能預測未來**。這種觀點根源自常見的「因果決定論」，認為現在所發生或存在的一切，都是由先前的條件或事件所引起[4]。依這種觀點，一個人現在的樣子是由過去經歷的事件所導致，就像是推倒一列骨牌那樣。

在這裡說「導致」，可不只是「有影響」而已，指的是絕對的因果。也就是說，對於現在的自己、現在的作為，你並沒有其他的選擇或可能。你只能被迫接受現在的性格，因為你現在的樣子就像是一張骨牌，被過去倒下的其他骨牌給推倒。你改變不了過去，只能試著「找出」你「真正的自己」、了解自己現在是這個樣子的原因。

於是，大家只能努力的尋找，想找出「真正的自己」到底是什麼樣子。大多數人都相信自己並不可能去想像、創造自己與性格。

但真的是這樣嗎？

你的性格真的那麼固定？真的無法改變？

事實並非如此。許多研究、尤其是晚近的研究[5]，已經充分證實這一點。

如果你曾經想讓人生有重大改變，卻窒礙難行、令你受挫灰心，這本書能幫上你的忙。我要告訴你，你的性格一**點也不重要**。我還要說，你的性格絕**不是**什麼你的本性。你的性格只是一種表面而短暫的東西，是某些更深層事物的副產品。

人性真正的根本，是你做出選擇、並堅持選擇的能力，這也是維克多·弗蘭克（Viktor Frankl）所謂人類終極的自由：「能夠選擇自己的人生方向。」[6]這個觀點至少呈現兩個重要的意義：**我們能夠選擇自己希望未來發生的事，以及能夠選擇如何應對眼前發生的事**。勇於選擇自己的人生方向，才能成為一個真正的人。當你給自己更多決策權，就更能把人生和際遇掌握在自己手上。

要做出決定、選擇自己的人生方向，並不是件簡單的事，許多因素會嚴重限制你的選擇能力。其中影響最大的兩項因素，一是外在的社會及文化環境，二是個人的內在情緒發展。當個人的情緒發展愈成熟，就愈不會被過去束縛，也愈不會受外在環境限制[7]。

也就是說，情緒是性格轉變的契機。與其逃避或壓抑內心的情緒，不如擁抱這些情緒、用這些情緒來改變自己。

你將能夠勇敢去追求自己真正想要的生活，無論情況看來是多麼不可能、或是周遭的人覺得一切是多麼困難重重。隨著學習與經驗的增進，你所掌握的籌碼也將有所不同。你將愈來愈善於處理各種情緒、經驗或難題，讓你得以成功改變自己。

就從現在開始，忘掉那些愚蠢的性格測驗和分類，讓自己決定想要變成怎樣的人！

你會變成你選擇成為的人

要變成怎樣的人，是一種選擇；而且是個只有你自己才能做的選擇。

J. K.羅琳（J. K. Rowling）筆下《哈利波特》（*Harry Potter*）中的偉大巫師鄧不利多（Albus Dumbledore）就很懂這套道理。分類帽曾經想把哈利波特分到史萊哲林學院

（Slytherin），哈利波特對此感到不解，而鄧不利多告訴他：「哈利，事實上，我們的選擇遠比我們的天賦才能，更能顯示出我們的真貌。」[8]

哈利波特並不是「天生」的葛萊分多。他本來並沒有葛萊分多的性格特質，是他選擇要變成葛萊分多的人，而這個選擇與之後的經驗，進而慢慢形塑他的性格。

雖然鄧不利多是個虛構人物，但他所說的話正是了解性格真相的一大基礎：你會變成「你選擇成為」的人。然而，很少有人會**真正**選擇自己是誰、又想變成什麼樣貌。我們一直被洗腦，以為自己沒有這樣的選擇。當某天突然能夠「選擇自己想要的方式」，突然接手這樣的責任與自由，還真會讓人覺得有些害怕。

正因為這樣的恐懼與風險，很多人寧願把權力拱手讓給分類帽，由它來決定自己的命運。也因此，很多人會交給外部因素來決定自己的選擇、潛力與自我認同。在情感上比較輕鬆的做法，就是能有個框框做為標準（「嗯，塞進去不太舒服，一定不適合我」）；然而，這樣的框框卻很有可能同時限制你的自由、視角與創意。

創意需要冒險，過程中很有可能會出錯、會失敗，但你就是得要有勇氣、願意承擔受傷的可能。不過就算發揮了創意和勇氣，也無法保證結果是好是壞。而且創意難以預測，可能會把你帶到原本沒打算去的地方。正因如此，我們對於很多人覺得自己年紀愈大就愈沒創意也就不用感到意外，畢竟我們總希望事情穩定一點、一如預期。另一件同樣不令人意外的事，就是我們常常寧願讓別人來告訴我們**能**做什麼（以及**不能**做什麼），而不想冒險去創造自己、創造自己的經驗。

決定了你想成為怎樣的人、想過怎樣的生活之後，你就能擁有任何你真心想要的東西。你能成為眾人之間的異數。你能獲得不但會讓別人大吃一驚，連你自己也會大吃一驚的豐碩經驗，讓你忍不住自問：「這件幸運的事真的發生在我身上嗎？」

沒錯，這種好事就是會發生在你身上。太好了，不是嗎？

你能夠勇敢向前、積極作為，清楚自己的目標，不會因為過去而讓自己受限。

你會愈來愈相信自己，先在心中規劃設想，再讓一切朝自己的預期發展。

你會發現，自己身邊的人也開始充滿創意與巧思，不會被動受限於既有的選項。

你不用再管別人說你能擁有什麼、能做到什麼。只要你想，就能變得更有自信、更具創意，更外向、更有條理。你能擁有一切。如果你現在是個膽小羞怯的人，但希望自己能夠成為具領導特質、勇敢無畏、啟發人心的領導者，你絕對也能做到。

我的朋友史黛西．薩蒙（Stacy Salmon）告訴我，從小就害羞、膽怯、扭扭捏捏的她，如何在十三歲那年從主日學課堂上學到這項道理。那一天，老師告訴全班學生，每個人都可以成為自己想要的樣子，可以培養出在別人身上看到的那些美好特質。

薩蒙把這句話認真聽了進去。從此以後，她對旁人不再害羞；在各個社交場合不再躲在父母身後；被問到問題時，她也不再假裝打哈欠逃避。二十幾年來，她持續培養各種技能、從他人身上學習而不斷成長。如今，薩蒙是個三十多歲的中年女子，但她還在成長與學習，努力發展自己想要的特質，或是她在別人身上看到的美好特質。她不再是從前那個害羞的小女孩。現在的她充滿自信、懷抱目標。

這才是性格的真相。性格並非天生如此，而是訓練而成的。性格可以改變，而且確實會改變。我們可以選擇自己的性格、可以設計自己的性格，而且人人都該這麼做。我們活著的主要目的，就是要能夠選擇自己的人生方向。但只要做出選擇、就得面對結果，所以人們常會感到恐懼，開始逃避做決定及選擇自己該怎麼做，如此一來也就限制自我成長、學習與改變的能力。

那些成就非凡的人，都是因為成功擺脫過去限制，才得以成為他們所期望的自己。他們先在心裡看到那些創新的想法，並說服自己這確實可能。而且，他們必然是勇於採取行動、擺脫性格與當下情境的束縛，才終於達成非凡的成就、成為偉大的人。

一般人可能覺得，那些超級成功、有重大影響力的人，一定有什麼與眾不同、異於常人之處[9]。但如果實際去問問那些人，他們會告訴你，自己其實和一般人並沒有什麼不同，他們之所以達到現在的人生，全都是因為他們的選擇。

想讓自己成為全新的人，你必須找出一個新的目標，而且是個值得追尋的目標。這個目標能給你理由，讓你培養出新的特質與技能、開始追尋那些能讓你有所改變的經驗。如果無法找出有意義的目標，你就只能單憑一股意志力去嘗試改變，然而這樣的做法不可能長久，最後終將以失敗收場。

過去並不能決定未來

那些能夠改變自己與人生的人真正與眾人不同之處，在於對於未來的看法。他們拒絕讓自己被過去定義。他們會看到一些有所不同、別具意義的東西，而且他們會一直向那樣的願景前進。每一天，雖然路上伴隨著許多失敗與痛苦，但他們都維持著信念與希望的願景，朝著這個方向大膽前行。每邁出一步，都讓他們更有自信，自我認同也更有彈性，而受到的束縛則愈來愈少。

你的人生故事要由自己來寫。你不需要以過去來定義自己。不管你過去的身分為何、做了什麼事，那一切都不重要。

在莎士比亞的劇作《暴風雨》（*The Tempest*）中，安東尼（Antonio）曾說：「凡是過去，皆為序章。」[10]（What's past is prologue）安東尼是個渴望權力、愛操弄他人的角色，他認為正是過去所發生的一切，導致他與塞巴斯汀（Sebastian）不得不執行他們的謀殺計畫。就他看來，他們的處境就像即將隨著一整列倒下的兩張骨牌，一切似乎別無選擇。

我們總以過去當藉口，允許自己陷在固有的習慣和態度中停滯不前。我們也常常會像塞巴斯汀一樣，對於過去或現在仍然持續犯下的錯誤，總會用過去當擋箭牌。反正凡事都怪罪過去就好，既然自己無力改變些什麼，自然也無須為結果負責。

然而，在這本書裡你將一次又一次看到，過去並**不是**序章。你現在是誰，絕不是由你的過去來決定。並不是過去「造成」現在的你。

你的性格絕非無法改變。

世界上最成功的那些人，不論是他們的自我認同或所構思的人生劇本，著眼的都是未來，而不是過去。像伊隆．馬斯克（Elon Musk）常說這輩子最後想在火星上度過[11]。即便人類目前依然上不了火星，但「死在火星上」已經成為馬斯克對自己的未來期許，所以他的行動與決定都將集中火力朝著目標前進。

不論你對馬斯克的看法如何，我們都得承認他一心專注於自己「要去哪裡」，眼中看的都是他的未來，而非他的過去。他的注意力、精力與故事，都是基於他所要創造的未來。你不會聽到他說：「想當年在PayPal的時候……」你不會看到他被之前的失敗、甚至成就所限制。除非有人明確提出相關問題，否則他根本不會談到過去。

這就是成功人士的生活方式。**這些人之所以能成為自己想要的樣子，是因為他們生活的方式就是向目標前進，而不是重複過去**。他們的舉止就像那個未來的自己一樣勇敢無懼，而不只是維持著過去的樣子。

不論你過去是怎樣的人，這本書都會告訴你如何成為「你想成為的樣子」。我會提供各種你需要的知識，讓你了解為什麼人會沉溺在各種不健康的習慣之中，也會告訴你各種奠基於科學研究的可行策略，讓你能夠主動選擇自己想要什麼，並讓它在人生中成為現實。

羅伯．波西格（Robert Pirsig）在著作《禪與摩托車維修的藝術》（*Zen and the Art of Motorcycle Maintenance*）寫道：「若你擁有足夠的技術，鋼就能成為你要的任何形狀；若你的技術不足，鋼就會變成除了你要的以外的任何形狀。」[12]

在本書中，你將了解性格究竟是如何被形塑，也將學到怎樣做你該做的事：由自己形塑自己的性格。你能學會如何擔任自己性格的建築師，將自己打造成為自己想要的樣子。

具體來說，這本書能幫助你：

- 看清關於性格的迷思，了解這種迷思如何限制大多數人的潛力。
- 決定自己想要的生活，不論這種生活與自己的過去或現在有多麼不同。
- 情緒發展成熟、有彈性，不再被過去定義。
- 對過去的創傷提出新的敘事方式：一切都是在成就你、而不是要折磨你。
- 變得更加自信，能夠定義自己的人生目標。
- 找到一群「有同理心的陪伴者」，化創傷為前進的動力。
- 強化潛意識，克服各種上癮及自我局限的習慣。
- 重新設計環境，讓環境把你推向未來，而不是讓你陷在過去。

簡言之，本書從科學與策略出發，讓你再也不會因為任何身分或習慣而受限。你能學到最直接、簡單、有效的方式，為你帶來改變與成長。書中介紹的「性格養成計畫」有科學根據、經過研究實證，當你掌握它並將其運用到生活中，你再也不會受困於過去的制約或定義。

我們把話挑明來說：要為自己創造出一個更廣大的未來，絕不是痴人說夢。但你就是得要挺身面對那些你一直迴避、令你感到不安的事實，重新取得自己人生的所有權，為自己的人生負責。你的夢想之所以無法成真，是因為過去那些深埋的創傷還一直纏著你，讓你失去信心與想像力。當然，創傷可能是由於某些重大、改變生活的事件，但更常見的是，那些「創傷」只是根源於一些小事或平凡的對話，就讓你對自己的身分及可能性設下限制，造成一種「定型心態」(fixed mindset)。

這種狀況不容忽視，必須盡快解決。

此外，你所處的社會環境通常會鞏固你當下或過去的自我認同和習慣，而不會成為推動你改變或進步的動力。

這本書會向你提出挑戰，要你為自己負起責任。如果你會讓性格測驗或任何其他外部因素來告訴你人生該怎麼過，就實在太簡單、也太懶惰了！當然，在我們從小到大的過程中，有一些引導和方向也不是壞事，但等到成熟之後，你就該做出自己的決定，為自己找出有意義的目標，再透過追尋目標的過程提升自己、成就他人。

當你太相信關於性格的流行風潮，就等於是喪失自己做選擇的能力，把自己對過去和未來的責任都交給一些外部因素。這樣的你已經限制了自己改變的潛力，而很難做出改變。你只會想找出為什麼自己的能力如此受限或低落的原因，而不會把心力用來提升自己的人生。你只是接受所謂那「真正」的自己，卻沒有試著去改進。

在內心深處，你知道那些都是胡扯瞎說。在內心深處，你知道自己還想擁有更多。你希望相信自己能夠改變，甚至是脫胎換骨一般的改變。又或許，你早就放棄相信自己有這種可能。

但如果你真的希望讓人生徹底改頭換面，這本書可以告訴你如何成功。

這個班傑明．哈迪有什麼了不起的？

想當年我試圖與我太太交往時，碰上的問題還不只是「白色性格」而已。該說是「幸運」嗎？蘿倫閨密的先生竟然是我高中同學，他強烈建議蘿倫別跟我交往。更糟的是，他的理由相當充分。

若要我回想起高中時那個鬼樣，連我也不覺得自己會是個理想的約會或結婚對象。成年後的我和過去相比，之間的差異就像是兩個來自不同星球的生物。

高中時的我，是個心靈傷痕累累、人生充滿迷惘的年輕人。父母在我十一歲時離異，這份痛苦讓父親從此深陷毒癮。不過短短幾年，我們家已經變成一個黑暗而陌生、總有許多毒蟲出入的地方。因為家裡變得太不穩定、太不健康，我和兩個弟弟實在待不下去，國三那年，我們搬去和母親同住。母親很愛我們，但她得忙著和阿姨一起經營公司，實在無暇照顧家人。

我身為家中長兄，每天面對始終是一團混亂的生活，我常覺得自己就像走在鬆軟的沙土上，腳步永遠踩不穩，一切都是如此的不確定。自然的，我也結交到一群同樣飽受精神創傷、對一切感到迷惘的朋友。我們的本性並不壞，但常常會去霸凌、欺負別人，惹上許多小麻煩。更重要的是，我們就是無法腳踏實地的生活。我們整天打電動、溜滑板，完全沒做任何有意義的事。

我好不容易勉強上完中學課程，但因為翹太多課，所以得在校園種一棵樹再加上社區服務，才能抵掉那些曠課時數。中學畢業後的那一年，我先住在表哥家裡，晚上就睡在他家的沙發上，終日虛度，無所事事。我沒有去工作，社區大學也只讀兩週就休學。當時的我實在無力面對人生，我壓根不想工作、對未來沒有願景，也沒有讀懂教科書的信心或能力。《魔獸世界》（*World of Warcraft*）成為我唯一的避風港。

二十歲左右，我決定離開家鄉去宣教。我受夠了我的生活，想把一切砍掉重練。兩年的宣教生活改變我的一切。等到我回來時，我已經是個完全不同的人，不僅提升自信和能力，對未來也懷抱著美好而強大的願景。

那次宣教的經歷使我第一次感覺到，原來我可以成為自己想要成為的人、可以擺脫過去或周遭環境的束縛。當我擁有專注的焦點與目標，也就有了新的行為與動力，塑造出新的自我認同。從那一天開始，我下定決心要做個最好的宣教士，要當個好的榜樣及領導人，這正是人要重塑自我時的完美狀態。

我確實做到了。

我學會如何面對、擺脫過去的創傷。靠的就是閱讀超過一百本書，寫了一疊又一疊的日記；敞開以往封閉的心胸，與充滿關愛的朋友和領導人談論我過去的痛苦，同時從中得到他們的鼓勵；更重要的是，我開始透過服務和幫助他人，讓他們的生活得到改善。我花了兩年幫助其他人克服問題，這些親身體驗與所見所聞也徹底改變我對世界和人生的想法。我開始感受到人生多麼有限，許多人又是如何備受呵護，完全沒有意識到世界的現實。

這讓我幡然醒悟。

等我回到家，我很清楚自己變了多少，也發現朋友和家人並無法理解這種改變。我刻意跟高中朋友上不一樣的大學，這樣就沒人知道我的過去，我也就能夠擺脫他人對我過去的印象。

我只用三年就修完大學學分，娶了像是從夢裡走出來的女友，還申請到一流的組織心理學博士班。我在二〇一四年秋季班開始攻讀博士學位，第一年擔任研究行政助理時賺進一萬三千美元。

二〇一五年一月，蘿倫和我成為三個孩子的寄養父母，孩子分別叫凱勒（Kaleb）、喬丹（Jordan），以及羅根（Logan）。在此同時，我開始寫部落格，分享自己對心理學和自我改造的想法。結果作品暴紅，沒幾個月就獲得幾百萬個讀者的追蹤。接下來三年間（二〇一五至二〇一八年），我是Medium.com（當時規模最大的全球性線上創作平台之一）訂閱數第一名的作者。

二〇一八年二月，在經過與法院及寄養制度幾年搏鬥之後，我們終於得以正式領養凱勒、喬丹和羅根。不到一個月之後，蘿倫懷孕了，是一對雙胞胎寶寶，他們在二〇一八年十二月出生。於是在一年之內，我們就從沒有孩子忽然變成有五個孩子。這或許讓人有些難以想像，但這正是我們選擇的生活，而且我們對這樣的選擇並沒有後悔。我們有共同的願景和目標，早已準備好面對一條非常陡峭的成長曲線；這條路走來並不容易，意義卻非同凡響、深植心底。

我在二〇一九年初取得博士學位，部落格上的文章依然每個月吸引數百萬讀者閱讀，所依據的就是這本書接下來要告訴你的心法，讓我從一個得睡在別人家沙發上的魯蛇，變成營收突破百萬美元公司的老闆，身兼五個孩子的爸爸。

儘管許多研究已證實，每個人都能有所改變，但本書最有力的證據仍是我自己的人生。我並不想成為舞台上的大師，我只是個普通人，每天體驗著一個謙卑、不斷有所改變的人生。不論你想要的人生是什麼樣子，我希望能幫助你經歷真正的改變。

過去的一切真的不重要，別再理會那些愚蠢的性格測驗怎麼說你，或是同學、同事對你的印象如何。

真正關鍵的是，你想成為什麼樣子？

真正關鍵的是，你打算做出什麼選擇？

或許你曾經懷疑：「我真的能夠改變嗎？」

答案很簡單，**當然可以！**

不管過去的你是什麼樣子，你可以不必繼續是那個樣子。你很快就會發現，自己現在其實已經不是那個人，未來也不會是那個人。就算完全無心改變，你的性格仍會隨著時間而變化。

如果你真的有意改變，就能讓改變的程度更驚人、方向更明確，而不只是漫無目的隨機改變。就像女演員莉莉．湯姆琳（Lily Tomlin）回顧自己的演藝生涯所說：「我以前一直希望自己能夠成為知名人物，但現在才意識到，當初應該想得更具體一點。」

可以肯定的是，無論如何你都會變成**某個樣子**。但問題是：**你想變成什麼樣子？**而在改變的過程中，你的想像有多具體？又能專注投入多少心力？

你的願景愈具體，道路就愈清晰，動機也就愈強烈。選定你的目標，為此投入全部心力。等到時機成熟，你就會有所轉變。

只有你能夠決定自己會變成怎樣的人。不是由性格測驗來決定，也不是由你的過去來決定。

而你，選擇要變成怎樣的人？

本書將告訴你最有效的方法，讓你有目標、有策略的變成你選擇想要成為的那個人。

如果我盡到身為作者的本分，你在閱讀的過程中應該會感到情緒澎湃。情緒正是通往改變的大門。而如果你在閱讀過程中感到內心有所抗拒，請鼓起勇氣、振作精神，因為那代表你即將面對最真實的自己。

你準備好要了解性格的真相嗎？請繫好安全帶。接下來，你將聽到一些前所未聞的事情，而這可能會改變你的人生。

第一章

過去的你，被性格迷思困住

做「真實的自己」不是順應本性，
是成為你真心渴望的那個人。

人類是一種明明還在製造中、卻以為自己已經完工的作品[1]。

——丹尼爾・吉伯特（Daniel Gilbert）

二〇一二年，凡妮莎・歐布萊恩（Vanessa O'Brien）踩在蘇加帕谷（Sugapa Valley）叢林裡深及膝蓋的泥濘中，她和幾位探險者正打算攀登查亞峰（Carstensz Pyramid）。查亞峰海拔四千八百八十四公尺，是印尼的最高峰。

歐布萊恩得不斷把自己從泥濘裡拔出來，臉又一直撞上粗硬的樹枝，渾身都是割傷和瘀青。她的身高只有一百六十公分出頭，卻得爬過一棵又一棵的大樹，才剛站直又立刻在泥濘裡跌個狗吃屎。她哭了。

她不只是哭了，她的情緒全面崩潰，開始出現認同危機。

她的心理開始瓦解，對世界、對自己的看法全都開始一片片碎裂。她原本是個天之驕女，但現在腦中盡是各種黑暗透頂的念頭：

我的一切都糟糕透了。
我的境遇只會愈來愈糟。
我走一步就退兩步。
我做什麼都錯。
為什麼我就是做不到？
這到底是什麼鬼人生！

巨大的困難、痛苦與挫折，讓歐布萊恩頓時迷失方向。以前認為自己知道的一切，現在看來都大有問題。她的自我認同變得模糊，開始對世界和人生充滿困惑。她所能感受到的，只有痛苦與煎熬。

在當時，她的自尊及自我認同彷彿被敲開一個大洞。然而度過這段痛苦經歷之後，她卻成功登上人生的另一個巔峰，整個人煥然一新，已經不再是從前的自己。

美國前大法官小奧利弗．溫德爾．霍姆斯（Oliver Wendell Holmes Jr.）曾說：「心靈受到新經歷的拉伸延展之後，就永遠不會回到原來的尺寸。」

對歐布萊恩來說，讓心靈受到延展不是絕無僅有的單一事件，而是在往後十年間一再出現的尋常經驗。

歐布萊恩這輩子多數時間都是個「A型性格」（type A）的人。二〇〇九年，她在金融業發展得十分順遂，一切都循著正軌前進，逐步邁向那個完全可以預期的未來。那時的歐布萊恩滿腦子只有工作、想著如何更上一層樓。對她來說，生活中最刺激的事情只不過是每年休假時，和先生一起去渡假區觀光和潛水。

如果你和那時的歐布萊恩談話，只會聽到她說著一大堆工作上的事，可能完全不會涉及任何與你有關的話題。如果你不是金融業的人，你們多半根本聊不起來，而且在她看來，跟你談話也實在沒什麼意思。她的工作就等於她的生活，而她又那麼忙，哪有多少時間能留給你？

如果你讓歐布萊恩做性格測驗，她所有的答案都會以自我為中心，一切都以她的「職涯」發展為重，因為這是她人生唯一的優先事項。她在「審慎性」（conscientiousness）和「外向性」（extroversion）的得分會很高，但在對於新事物的「開放性」（openness）、「友善性」（agreeableness）、「神經質」（neuroticism）這三項的得分會很低。

從本質上來看，性格測驗就是依照各個項目來幫自己打分數。歐布萊恩很少讓自己踏出舒適圈，就像她自己說的，她的生活和日常作息都很好預測，所以多半會認為自己具有穩定的特質。此外，打好人際關係才能在公司裡不斷往上爬，所以她很容易認定自己是個外向的人。

兩種截然不同的人生

現在把時間快轉到二〇一九年，這時的歐布萊恩性格卻已變得完全不同。她的生活不再局限於那些狹隘的職涯目標。現在她的人生所追求的已經不再是「職涯」或「目標」，而是「使命」。

如果你和二〇一九年的歐布萊恩談話，聽到的會是一大堆關於地球現況的事。她會告訴你冰川正在融化，告訴你人類不僅有能力改變我們的生活方式，更有責任要拯救我們賴以生存的地球。

對話過程中，歐布萊恩會主動問起許多關於「你」的問題。她想了解你，想知道什麼對你比較重要、是什麼推動著你向前。如果你問她問題，她也會欣然以開放的態度回答。她不會因忙碌而看起來心不在焉，而是將所有注意力放在此時、此地。在她面前，你會感覺得到啟發，心中一片安寧。

歐布萊恩如今不再以自我為中心，而是以他人為重。過去的她總希望成為全場注目的焦點，而現在她寧可像是走在一支登山遠征隊伍的最尾端，確保每個隊員都能安全攻頂。二〇〇九年的歐布萊恩採用線性思考、一心往上爬，希望更快走完前人走過的那條職涯之路，但二〇一九年的歐布萊恩會說自己的未來「沒那麼確定」。

「沒那麼確定」並不是因為她沒有目標、沒有抱負。事實上，她現在的目標比過去更大，使命也比過去更為明確。只不過，她現在追求的並不是某個已經明確成形的目標。現在的歐布萊恩不再選擇走在一條現成的坦途，而是自己披荊斬棘去跨越一道道未知的邊界。

她正踏上一片前無古人的疆域，試著走出一條自己的路。她不斷接受新的挑戰，迎向人生中各種第一次嘗試。她在自傳中講述自己如何從一個汲汲營營想出人頭地的人，變成擁有多項金氏世界紀錄的世界知名登山者。現在的她是多個組織的領導者，同時環遊世界發表演講。

雖然歐布萊恩現在的生活看來如此迷人且激勵人心，但並非總是陽光普照、充滿歡愉。她在參與各種全新挑戰及活動的過程中，得要經歷更多樣且突如其來的情緒。有時候她承受著難以言喻的痛苦與困惑，但也有時候，像是她在山上的時候，她感到的是至高的喜悅，一種充滿意義與無法言說的幸福。

如果我們讓二〇一九年的歐布萊恩再做一次「五大人格特質量表」，結果將和二〇〇九年的她截然不同。現在的她不再追求狹隘的職涯目標，轉而接受新挑戰、不斷超越自我極限，這會讓她在「神經質」、「開放性」與「友善性」的分數提升，而在「審慎性」與「外向性」的分數下降。雖然她現在與他人有愈來愈多的連結，但也比過去任何時候更珍惜獨處的時光。

別忘了，性格測驗是以「自評」的方式填答。而我們對自己的看法，會隨著當下關注的焦點、情境脈絡與情感狀態而不斷產生變化。

歐布萊恩現在的生活絕不像以前那樣容易預測、穩定不變，但也讓她變得更有彈性、更開放、更能順應情境。她的使命是以「全局」為重，於是她參與並投入各種從未想過的活動、關係與情境，她的意志堅定、全心投入，願意為完成使命而盡一切努力。

決定歐布萊恩能做什麼、會做什麼的因素，絕非她的性格，而是她的使命。而在不斷追尋使命的歷程中，她的性格也經歷大幅轉變，而且未來還可能會繼續改變。

X大獎基金會（XPRIZE）創辦人暨未來主義者彼得．迪亞曼迪斯（Peter Diamandis）認為：「在使命的推動下，區區一個人也可以改變這個世界。『你可以改變世界』，我是真心如此相信。」

迪亞曼迪斯稱呼這個想法為「宏大變革目標」（Massively Transformative Purpose，簡稱MTP）。概念很簡單：你訂下一個宏大而深具啟發性的目標，光是為了追求這個目標，就足以改變你的一生。而選定這項目標的人，就是你自己。

是你決定要讓自己投入其中。

是你站在屋頂上，向世界大聲宣告這項目標。

是你會為了它而改變自己、改變生活。

也是你會透過這項目標而讓世界變得更好。

在迪亞曼迪斯及我看來，每個人都能夠也應該訂出一個自己的MTP，以及一個專業上或組織上的MTP。

二〇一九年歐布萊恩任何一天的生活，對於二〇〇九年的歐布萊恩來說都完全無法想像。二〇一九年歐布萊恩覺得「正常」的事情，會讓二〇〇九年的歐布萊恩覺得不舒服，甚至是感到嫌惡鄙夷。如今的歐布萊恩實在很難理解過去的自己究竟在想什麼，即便如此，她還是會對過去的自己充滿同理心與感激，同時對自己的未來懷抱謙卑之情。

歐布萊恩現在想做的，就是一心的貢獻、服務、與他人有所連結。比起過去，現在的她更和善、更關注他人、做事更有彈性、為人更有耐心，而且也更專注在她所心繫的「全局」。我問她，覺得未來的自己會是什麼樣子，她說自己會是個慈善家。

這些改變到底是怎麼發生的？歐布萊恩是如何從一個自我中心、A型性格的企業白領風雲人物，變成一個一心想拯救地球的冒險家、哲學家兼慈善家？

她是如何從過去那個不喜歡體能活動的人，變成第一個登上K2（又稱喬戈里峰，海拔八千六百一十一公尺，為全球第二高峰，攀登難度比聖母峰更高）的美國／英國女性（她是雙重國籍）[2]？

她是如何在二〇一八年得到科學探險學會（Scientific Exploration Society）的年度探險者大獎，又在二〇一九年從美國國會議員卡羅琳．馬龍妮（Carolyn Maloney）手中接過「無畏女孩獎」？

她是如何創下金氏世界紀錄，短短兩百九十五天成功登頂各大洲的最高峰，成為最快完成這項紀錄的女性[3]？

她是如何轉變成一個追求使命的人，開始對他人有更多的關懷與愛？

她是如何變得更和善、體貼且富有哲思，同時也對自己與現實世界有更深刻的體會？如果你和歐布萊恩過去在金融業的同事聊到這些，她這十年來的變化與成就肯定會讓他們大吃一驚。然而，這一切究竟是如何發生的？

你就是塑造性格的人

歐布萊恩的改變始於二〇〇八年的金融危機。面對經濟局勢的巨變，她和先生決定搬到另一個國家重新開始。市場崩盤造成人心的痛苦及混亂，讓她開始質疑自己真正重視的是什麼。她決定要為人生找出新的使命，好讓自己找到更多意義。

在一些朋友的幫助下，她挑了一個全新而具挑戰的目標：攀登聖母峰。為了實現目標，她體驗到前所未有的挫折，也從失敗中體認到自身的不足。這樣的經驗使她的自我認同、性格及世界觀都有所轉變，並為她帶來更新的目標。

接下來的十年，她不斷追求著更大、更具挑戰性的目標。隨之而來的體驗往往超出原本預期，促使她重新反思過去，進一步改變她的自我、觀點及使命。所以她說：「往往你期待最高的人給你最少，而你期待最低的人卻給你最多。」

歐布萊恩放下過去。她的自我認同曾經聚焦在薪資、頭銜和名下資產，但那個自我已不復存在。現在的她，生命中懷抱著促成宏大變革的深層目標。她專注於未來，盡自己所能行善，不再那麼在乎別人對她的看法。

這些改變是如此極端，從人格心理學家的角度來看，會說歐布萊恩是個「特例」，甚至可能會說她有人格障礙。但實際上，她和你我並沒有太大的不同。沒錯，她做了許多不可思議、獨樹一格的事情，但如果因此認為她是天生異類或不符常規的怪胎，卻是大錯特錯。

她既不「特別」，也不「異常」。她就是個平凡的人，只是她選擇要讓自己不一樣。她讓我們看清，「人的性格與生俱來、一生穩定不變」的說法根本是個謊言。

事實上，如果研究一下關於性格的科學或是觀察我們的生活，就會發現實情與我們常聽到的故事大不相同。

一般人之所以很難出現像歐布萊恩那樣劇烈的性格改變，是因為很少人願意主動接受如此嚴苛的身心挑戰。不論如何，每個人的性格多少都會改變[4]，而且往往在我們不知不覺的情況下**早已有所改變**。

性格本來就不穩定，不論你是否有意為之，我們都會不斷改變。即使是心理學家也不得不承認，即使讓你重複做同一份性格測驗，測驗結果仍會因時間與環境的不同而有所差異。

愈來愈多科學研究證明，性格比人們過去所認為的更容易變化、可塑性也更高。即便如此，許多心理學家及大眾仍然抱持著一九六〇到一九八〇年代的舊觀點，誤以為性格是一種固定不變的「特質」。嬰兒潮世代就是在這種強調「特質」的文化氛圍中長大，因而往往堅信性格是先天註定且沒有改變的可能。這樣的觀點也可能衍生出種族主義問題，看看現在所謂的社會菁英多半是白人、男性、高個子等，就不難看出這種特質文化所帶來的影響。

新興的科學、不斷變動的世界，在在證明事實並非大家以為的那樣。事實是：

人能夠改變，自然會改變，而且可以有大幅度的改變。

如今，無論是資訊、旅行、連結與體驗都比過去更容易取得，許多先前世代所受到的限制已經不存在。我們擁有遠比前人更寬廣的選擇空間（有時甚至可說是太過寬廣），所以對於自己所做的選擇、自己及社會所變成的樣子，必須負起更高的責任。

因此，接下來我將試著打破常見的性格迷思。這些迷思在生活中無所不在，而且會帶來極大的傷害。包括：

1. 性格可以分為各種「類型」。
2. 性格是天生不變的。
3. 性格來自於你的過去。
4. 我們必須「找到」自己的性格。
5. 性格是每個人「真實」的自我。

這些主流觀點雖然可能適用於某些成長階段，但到頭來卻是弊大於利，會讓人對自己形成狹隘、定型的心態，讓人誤以為該去「尋找」那個「真正」的自我，但對大多數人來說，這種旅程就是不會有個結果，也只會讓人走向平庸。

身而為人，每個人都該負起責任，透過自己的每項決定、所選擇的環境來創造自己的現在與未來。你將會發現，雖然你過去可能沒有意識到這點，但其實你一直在塑造自己。

接下來，我會先用科學與常識來推翻上述五項迷思，接著在第二章介紹一些關於性格準確又有用的概念，讓每個人都能把自己的性格（以及自己的過去和未來）好好掌握在自己手中。第三章以後的內容則會告訴你，如何能夠成為自己想成為的那個人。

迷思1：性格可以分為各種「類型」

沒有什麼純粹外向型或純粹內向型的人。那樣的人只會在瘋人院裡[5]。

——卡爾．榮格（Carl Jung）

這個世界上有兩種人：「相信世界上分成兩種人」的人，以及「不相信世界上分成兩種人」的人。

邁爾斯－布里格斯性格分類指標告訴我們，世界上其實有十六種人；但在五大人格特質量表修訂版（Revised NEO Personality Inventory）中又認為只有六種人。在我看來，世界上倒是可以分成四種人：赫夫帕夫、葛萊分多、史萊哲林，還有雷文克勞。

所以世界上的人到底可以分為幾種？區分這些對我們又能有什麼幫助？關於性格的第一個迷思，就是覺得性格有「類型」。然而事實是，每個人都是極其複雜的個體，根本就**沒有**性格類型這種東西。所謂的性格類型，只是社會或心理上的概念，而並非現實。性格類型的區分，只是想用一種表面的、刻板的、去人性化的、而且極度不準確的方式來衡量個人。

性格類型的概念並沒有科學根據，市面上流行的各種性格測驗，編寫者多半根本無權做出這些定義。

莫薇．安姆瑞（Merve Emre）二〇一八年的著作《「性格」販子：最受歡迎的性格測驗MBTI大揭密》（*The Personality Brokers: The Strange History of Myers-Briggs and the Birth of Personality Testing*）[6]中指出，性格測驗已經成為產值高達二十億美元的行業，又以邁爾斯－布里格斯測驗最為熱門。但有趣的是，不論是凱瑟琳．布里格斯（Katharine Briggs）、或是她的女兒伊莎貝爾．邁爾斯（Isabel Myers），都沒有接受過心理學、精神病學或測驗方面的訓練，也從未任職於實驗室或學術機構。當時女性讀大學的機會不多，因此這整套測驗系統的研發不是在實驗室或大學裡，而是在她們自己的家裡。

布里格斯在一九〇〇年代初發展這套理論時，根據的不是科學或心理學，而是她身為人妻、為人母的經驗。她注意到自己和先生在生活中有各種不同的反應，也發現自己的某個孩子比另一個孩子更喜歡獨處，於是想要設計一套系統來解釋人們在社交行為表現上的差異。

布里格斯認為，當一個人覺得自己和別種性格的人格格不入，而且又想要解決這個困擾時，可能會造成許多心理上的痛苦。在她看來，與其改變自己，不如乾脆認定每個人對生活的反應都是天生如此、無可改變，就是一些與生俱來的**傾向**，因此我們要做的是去體認它、接受它。

換言之，不論你是怎樣的人、人生又過得如何，你的行為都是「正常的」，這就是布里格斯所提出的想法。如果你的個性害羞，是周遭的人在和你相處的時候該多多體諒。如果你很容易緊張，也是他們該多多包容。如果你善良又體貼，他們也該覺得你永遠都會是這樣。

在這套典範下，你對生活的任何回應都是因為「你就是如此」，而且你也不該為此感到任何不好意思。你不該試著想去改變自己，而且就算你想、也做不到。就算這些特質給你帶來限制，你也無能為力。就好好接受上帝或是ＤＮＡ為你帶來的束縛吧。

像這樣把人分成各種類型的性格測驗，雖然乍看之下有趣，但其實並不科學，還會讓你誤以為自己受到諸多限制。這些測驗給人描繪出一個不準確、而且過於簡化的形象，充滿各種籠統和以偏概全的陳述，讓任何人都覺得那講的正是自己。這些測驗也把心理學講得太簡單，讓人誤以為自己還真的很懂心理學。華頓商學院教授暨組織心理學家亞當・格蘭特（Adam Grant）就提出解釋：「邁爾斯－布里格斯測驗就像是去問人：你比較喜歡鞋帶還是耳環？你會覺得之後一定能得到讓人感覺『原來如此』的答案，但這個問題根本從一開始就不該這麼問……（這件事）創造出心理學專業的一種假象。」[7]

我們可以看到，現在社群媒體上彷彿有一整個世代的性格大師好像對你無所不知，而且不管你問什麼，他都能說上兩句建議，從你該跟誰交往、跟誰結婚、要不要生小孩，到你該選什麼工作、能不能飛黃騰達過著幸福快樂的日子，一切都只是根據你做了某個測驗得到的分數。這乍看像是科學，但其實就是迷信，只不過套上科學的外衣。

社會科學領域會根據是否：一、可信；二、有效；三、獨立；四、全面，這四項分類來判斷某項理論的優劣[8]。而就邁爾斯－布里格斯性格分類指標來說，答案顯然是：否、否、否、否。邁爾斯－布里格斯測驗真正讓我們看到的並不是我們自身的性格，而是行銷的魔力。這才是邁爾斯－布里格斯測驗真正了不起的地方。

雖然心理學家對於性格能否改變仍有各種不同意見，但幾乎都一致同意，像是邁爾斯－布里格斯這樣的性格測驗，就以上四項標準看來就是不該當真[9]。而無論是這類的測驗、又或是那些網紅心理學家所吹捧的「性格類型」，實際上都不存在。

如果是做為一種策略的有意安排，把自己定義為某種「類型」的人、或是刻意為自己加上某種標籤，確實能產生某些作用。像是傑夫・高因斯（Jeff Goins），他一直想當個作家，卻遲遲沒有行動。直到他給自己加上「作家」這個標籤，這項自我認同讓他終於開始動筆，最後也確實成為一名成功的作家。所以，高因斯是想清楚了，才特地選擇要給自己貼上標籤，並讓這個標籤協助他實現目標。

我們可以用標籤來實現目標，但絕不能用目標來實現標籤。如果用目標來實現標籤，等於是讓標籤成為最終的現實，你所創造的人生，只是為了證明或支持這個標籤。就像有些人會說：「我之所以追求這個目標，是因為我就是個外向型的人。」如果設定目標的時候只是根據目前的性格，而不是根據你想成長、改變後的樣貌，就會設定出像這樣的目標。

你真正該做的，是根據你的目標來調整你的性格，而不是根據你的性格來調整你的目標。創業家、創投家暨作家保羅・葛拉罕（Paul Graham）寫道：「你給自己加上愈多標籤，這些標籤就會讓你變得愈蠢。」除非背後有特定原因、或是為了實現特定的目標，否則如果主動給自己加上「內向」的標籤（甚至「外向」的標籤也不例外），本質上就只是讓自己變得「更蠢」[10]。

研究顯示，如果是醫師想引導治療的時候，運用各種標籤或診斷可能會有幫助。但這樣的標籤很少會告知客戶。因為一旦加上標籤，就可能成為客戶身分認同很重要的一部分，進而大大限制他們再去改變的能力[11]。

加上標籤，就像是從此以管窺天，視野便會受到限制。接受某個標籤，就可能讓你不再動腦，再也看不到那個標籤以外、不符合那個標籤的狀況[12]。哈佛心理學家暨正念專家艾倫．蘭格（Ellen Langer）曾說：「如果某件事情讓人覺得彷彿是公認既成的真理，其他的思考觀點就會被完全摒除在外……人們覺得憂鬱時，常會覺得自己一向都是憂鬱的。但如果能仔細觀察情況的變化，就會發現事實並非如此。」

人的性格有著許多細微的個別差異，複雜程度遠遠超過那些過度簡化、以偏概全的分類。性格絕不是某種永恆不變的獨立特質，而會受到情境、文化、行為，以及其他眾多因素所影響。人格心理學家凱瑟琳．羅潔絲（Katherine Rogers）表示：「根據我們研究，人的性格並不是照那些類型在運作……如果你想了解我的性格，邁爾斯－布里格斯測驗告訴你的並不會比星座可靠多少。」[13]

羅潔絲說的一點沒錯。而且這是個不得了的好消息！只要你不再把自己定義成某種「類型」（像是「內向型」或「外向型」），當你開始能拋開當下對自己的觀點，就能變得更為開放，種種可能性和選項也會在你眼前展開，你的責任心和行動力都會開始提升，開始做自己真正想做的事情。

像這種把人分成各種類型的性格測驗根本就不科學，卻仍然是大眾文化及美國企業的當紅時尚。有許多人能不能得到工作、會不會丟了飯碗，竟然是依據他們做這些測驗的結果。無數人的職涯就因為不屬於某種職位或文化所要求的正確「色彩」或「類型」[14]，而遭到阻撓或糟蹋。

每一個人絕不會只屬於某種單一、狹隘的「類型」。在不同環境下、不同人身邊，**你就會是個不同的人**。你的性格是動態、有彈性的，會依照環境的不同而改變。而且，這輩子你的性格會不斷改變，變化程度將遠超過你現在所能想像。

在你生活中的不同階段、不同季節，你就會展現出不同的性格。甚至不用講那麼遠，光是在同一天，你就可能表現出幾十種不同的性格。

知名Podcast主持人喬丹·哈賓格（Jordan Harbinger）接受採訪時就說：「喝咖啡之前，我是個INTJ（內向／直覺／思考／判斷型）。但喝了咖啡之後，我就成了

ＥＮＴＪ（外向／直覺／理性／判斷型）。」

與其覺得性格是一種自己會與之相符的「類型」，不如把性格看成各種行為和態度的光譜，具有可塑性，靈活又有彈性，會依情境而有不同。關於性格，最有科學根據的一套理論是把性格分成「五大特質」[15]：

1. 對於學習與體驗新的事物，你的態度有多開放（**開放性**）。
2. 你的組織能力、動機與目標導向有多高（**審慎性**）。
3. 你在他人身邊，覺得自己有多少活力、彼此的關係又有多緊密（**外向性**）。
4. 你對他人有多友善與樂觀（**友善性**）。
5. 面對壓力及其他負面情緒，你處理得有多好（**神經質**）。

這五大特質之中，沒有任何一種是要把你歸成某個「類型」。所有人都是根據自己的偏好、經驗與情境，落在每種因素光譜的某個地方。面對不同的情境，就可能改變你的落點，有時候會變得比較好，但也有時會變得比較糟。

根據研究人員發現，當人扮演著某種社會角色的時候，這個角色所要求的特質會和他展現的性格特質極為對應[16]。像是如果對角色的要求是傾向勤勉審慎、比較外向，這個人的「審慎性」及「外向性」就會更高。但如果這個人換了另一個角色，需要的審慎與外向程度沒那麼高，那麼他表現出的這些「特質」也就會隨之降低。根據貫時性研究也點出，一個人的性格常可以用他們在各個生命階段所承擔或放下的社會角色來解釋。也因為如此，要預測人的性格時，社會角色也就成為一個具體而且常被研究的項目[17]。

雖然我們總覺得自己好像沒什麼改變，但我們的行為及態度一直都在變化，只是自己「看起來」覺得沒有改變。人類會選擇性的看到自己贊成的事物、忽略自己不贊成的事物。於是在這個過程中，對於自己跳脫平常性格的諸多舉動，我們常常是渾然未覺、或是刻意視而不見。

最近的研究顯示[18]，只有不到一三%的人表示對自己的現狀感到滿意，我們都希望自己行事更為靈活、有彈性，也非常希望自己的性格能有所改善。一般來說，大家都希望自己在「開放性」、「審慎性」及「外向性」方面的分數能高一點，也希望在「神經質」方面的分數能低一些。

如果是出於特定原因而希望改善自己，近期的科學研究顯示確實可能做到。內森・哈德森（Nathan Hudson）和克里斯・弗萊利（Chris Fraley）在二〇一五年的研究顯示[19]，個人透過設定目標與持續努力，就能刻意改變性格。克里斯多福・索托（Christopher Soto）和朱勒・史佩特（Jule Specht）的研究也顯示[20]，如果過著有意義、令人滿意的生活，性格的改變速度會更快。

不論你是否有意改變，這五大人格特質中的任何一個都會在你這輩子裡不斷變化。而你當然也可以刻意的、有意識的改變這些特質，就像歐布萊恩訂下攀登聖母峰的目標，讓她的「開放性」更為提升。

值得注意的是，目前多數研究都對「性格是否可能徹底改變？」問題抱持保留態度。但正如本書中將展示的那樣，即使我們很少看到有人的性格可以徹底改變，但這樣的改變絕非不可能。多數人受限於「情緒」（例如：過去創傷經驗的羈絆）與「環境」（例如：生活周遭事物的影響），因此難以出現大幅度的變化；但請別忘了，「情緒」和「環境」都是可以控制的因素。

要刻意做出改變，在情感上會有一番掙扎；改變的感覺不能說很舒服，甚至有可能令人十分痛苦。但如果你不願意忍受這樣的情感體驗，不想調整觀點、刻意改變自己的行為與環境，也就別期待能看到巨大的改變（至少是短期之內）。如果希望個人能有所轉變，關鍵在於心理必須保持彈性，不要過度依附當下的身分或觀點。唯有下定決心投入未來的目標、擁抱情緒而不是逃避情緒，才有可能促成根本徹底的改變。

徹頭徹尾的改變，絕對是可能做到的事。這五大性格特質其實就是你想要表現出怎樣的行為，而且實際上都是能夠學習取得的**技能**。你可以學會讓自己對新的經驗更為開放，就像你也可以學會不要那麼開放一樣。你可以讓自己學會變得更有組織條理、更專注在目標上。你可以學會變得更內向或更外向。你可以學著更能與不同類型的人打交道。你可以讓自己的ＥＱ變得更高，而不總是從被動或被害者的角度來思考。

把人分成各種類型或種類可能造成的最大傷害，或許就是讓人以為這些類型都是天生而無法改變。如果你覺得人不可能改變，就可能會用對方的過去來定義他。只要他過去做過某件事，你就覺得「他就是這種人」，並認定江山易改，本性難移，而不會想到他也有改變的可能。

法國文學家雨果（Victor Hugo）在《悲慘世界》（*Les Misérables*）[21]中精準呈現出這種想法的限制。小說裡有兩位主角，一位是自以為是的警察賈維（Javert），堅信人不可能改變；另一位則是曾經犯罪的尚萬強（Jean Valjean），他已經改頭換面，成為一個更高尚、也更聖潔的人。賈維無法接受尚萬強已經確實改變的事實。在賈維心裡，過去犯下的罪行不可能真正得到寬恕。他相信只要曾經做過壞事，代表這個人從根本上就有問題，永遠都是個壞人。

在整部小說裡，賈維與尚萬強多次在各種情境下相遇，想把尚萬強繩之以法的念頭，成了賈維的執念。與此同時，尚萬強只是想用現在的生活來贖過去的罪，而當時犯罪的原因，也只不過是因為他想幫助其他身在苦難中的人。最後賈維以自殺收場，原因就是他無法接受自己在尚萬強身上看到的矛盾。他不願意改變自己的想法，而是選擇結束自己的生命。

所以，你怎麼想？
你現在是怎樣根據過去的行為，來定義自己與他人？
你是否習慣把自己歸類成某個特定類型的人，因而限縮自我發展的可能性？
如果能不再把自己塞進某個框架類型裡，開始接受各種改變的可能，接下來會發生什麼事？

迷思2：性格是天生不變的

近期發表的一篇歷時六十三年的貫時性研究[22]中，研究人員對最終得到的結果感到困惑：幾乎所有參與者的性格，都與研究人員的預期**完全不同**。

這個研究始於一九五〇年代，研究對象是蘇格蘭地區一千兩百零八名十四歲青少年。當時研究人員請學校教師使用六份問卷，評斷青少年的六項性格特質：自信、毅力、情緒穩定性、審慎性、原創性、學習意願。

六十三年後，研究人員找來六百七十四名當初的受試者重新進行測試。這些人現在已經七十七歲，研究中除了重新就六份問卷對受試者進行測試，也請他們找一位朋友或親人來對他們做出評斷。沒想到，最後的結果與六十三年前的問卷結果幾乎完全不相符。研究人員表示：「依照我們原本的假設，研究結果應能證明性格能夠長期維持穩定；然而實際分析的結果並不支持這項假設。」

說穿了就是用富麗堂皇的學術語言告訴你：「我們全搞錯了！」性格其實是會隨著時間而改變的。

貫時性研究做起來非常困難，所以相關研究少之又少。只有少數研究會真的對受試者做後續追蹤，而且通常時間只歷時幾週或幾個月，於是很容易得到「性格很少會改變」的結論。如果你只是隔三到六個月就再做一次相同的性格測驗，除非這段時間內發生什麼驚天動地的事，否則得到的結果應該不會有多大差異。

然而，隨著測驗間隔時間愈長，結果的差異性也就愈大。像是那項相隔六十三年的研究，研究人員就進一步承認：「我們的結果顯示，把間隔拉到六十三年這麼久的時候，兩次測驗的結果已經幾乎沒有任何相關性。」

事實上，你的性格不只會改變，變化的程度更讓你難以想像。哈佛心理學家吉伯特的研究顯示[23]，只要經過十年，你幾乎已經成為一個不同的人。

吉伯特先問受試者，他們的興趣、目標和價值觀在過去十年間有多大的變化。接著他再問，他們覺得自己的興趣、目標和價值觀在未來十年間又會有多大的變化。

吉伯特發現，當受試者分析自己過去與現在的差異時，大家都會看出自己的性格在過去十年間有著顯著變化。即便如此，大家還是認為自己在未來十年裡只會出現一些**微小改變**。

這種現象在心理學上稱為「歷史終結錯覺」（end-of-history illusion），不論任何年紀的人都可能發生，顯示人們相信自己已經走過人生中重要的成長與蛻變，終於來到現在最成熟的樣貌，所以未來不會再有太多的變化或成長。

吉伯特說：「人類就是一種還在加工中、卻以為自己已經完工的作品。」

人就是有種奇怪的想法，覺得當下的自己是個「已抵達」、「已完成」、「已進化」的版本。正因如此，才會讓我們無論看到過去的自己與現在的自己出現許多變化，卻仍然**感覺**自己跟從前一樣。就算我們的情緒、行為、甚至是習慣都早已和幾年前完全不同，我們仍然會覺得這當然是「我自己」。

人類有著極高的適應力。就算經歷巨大的變化，我們也能迅速適應，讓變化後的情形成為新的常規。所以，雖然年紀慢慢變大、一切漸漸改變，我們還是覺得自己是同一個人；但**事實上，我們就是不一樣了**。生活一切彷彿「都一樣」，但與過去一比，就會看到有何不同。

想看出一個人的性格是否有所改變，最簡單的辦法就是觀察他對自己過往決定的反應。常有人去移除刺青，但當初覺得刺青真是個好主意。常有人決定離婚，但當初結婚時認定對方是一生的摯愛。常有人努力想減掉肚子上的脂肪，但那也是過去的自己心甘情願吃出來的。常有人會離職，但當初是如此渴望得到這份工作。

我們所做出的一些決定，之所以常讓未來的自己不太滿意，是因為我們不太擅長於預測自己的未來。問題不是真的辦不到，而是我們沒有建立這種習慣。

與想像未來的自己相比，回憶過去實在簡單得多。想像力是一種需要培養的技能，即使成年人也很少能夠真正熟練。在我們變成大人的過程中，往往變得愈來愈沒有創意、愈來愈沒有想像力，視野也變得僵化而武斷。

當我問：你會花多少時間想像未來的自己？大多數人給我的答案多半少得可憐。

綜合以上所言，讓我們無法預測及創造自身未來性格的兩大阻礙如下：

1. 我們誤以為自己現在的性格已經是個完工的成品（即「歷史終結錯覺」）。
2. 我們過度強調過去的重要性，導致看待自己和世界的視野愈來愈狹隘。

你的性格就是會改變，過去已經改變，而且未來還會繼續改變。所以現在就該想想「未來的我會是什麼樣子？」**你絕對不會希望直到發現自己變成某個樣子之後，才讓自己感到驚訝、失望或沮喪**。你也絕對不會希望因為現在的疏忽、計劃不良、決定錯誤，而讓未來的自己無所適從。

做決定時，該根據的是「未來的你想要什麼」，而不是「現在的你想要什麼」。思考的起點應該是「理想的情境」，而不是「現在的情境」。美國法學家暨宗教領袖達林·奧克斯（Dallin Oaks）表示：

我們一生得做出無數選擇。回顧過去，我們會發現某些選擇帶來的影響是如此重大。如果當時能考慮其他的方案、想想可能的結果，就能做出更好的選擇與決定……如果能夠考慮到未來，我們的現在和未來都能過得更快樂……同樣的，在我們為自己貼上標籤之前，也該想想：「這個標籤會帶來什麼影響？」……千萬別用那些會阻礙實現人生目標的標籤來看待自己[24]。

這個充滿想像力的過程，第一步就是要明確區分「當下的自己」和「未來的自己」：**他們不是同一個人**。

「未來的自己」和「當下的自己」就是不一樣。如果誤以為這兩者一模一樣，就會嚴重限縮你想像中那個「未來的自己」、影響你所做出的人生決定。關於這點，研究自我認同的學者海爾·赫斯菲爾德（Hal Hershfield）表示：「說到應該要把『未來的自己』當成另一個人，大家乍聽之下可能覺得十分怪異。但如果從『決定人生長遠目標』的角度來看，就能理解這是一個非常有效的做法。」[25]

你未來想變成怎樣的人，會比你現在是怎樣的人更重要，而且也能讓你實際了解現在的自己是什麼樣子。比起過去的自己，根據未來你想成為的樣子，就更能讓自己知道該為當下的認同與性格付出怎樣的努力。

但願那個未來的你會比現在的你更聰明，也有著更廣博的豐富經驗。未來的你會擁有更多的機會、更深入的人際關係、更好的自我評價。但願未來的你會比現在的你更有行動及選擇的權力，有更多的知識、技能與人脈。

但根據你現在的作為，未來的你也可能比現在更為受限。要是你現在做了不健康的行為、不好的選擇、有了不好的習慣，未來的你就會比現在更不自由。有時候，那些看起來小小而無害的事（像是睡前看幾部YouTube影片、在酒吧多喝一杯），隨著時間就會不斷累積成嚴重的問題。

我得很難過的說，我就有些朋友和遠房親戚因為做了錯誤的決定，現在的生活過得很糟。他們現在的生活，絕不是過去的他們所看到的未來，也不是因為什麼意外事故，就只是因為他們缺少有意為之、經過計劃、朝著目標前進的行動。過去的他們太過輕忽，而現在就得付出代價。而且現在變糟的不是只有他們的處境，更包括他們自己：他們的個性、想法與人際關係比起過去都更為退化。

如果你**現在**就開始思考未來的自己會想要什麼，生活就會開始出現全新的意義。與其根據目前的你來做決定，不如做出未來的你可能會喜歡的決定。

你有責任要為將來的你做好準備，爭取最多的機會、成功與喜悅。這樣你才能成為你想成為的人、創造你想要的生活，而不是到頭來充滿悔恨。

現在，請你描述一下未來的自己。

未來的你會是什麼樣子？

你有多常想像未來的自己？

你夢想未來會過著什麼樣的生活？

思考自我認同時，如果根據的是「想成為的樣子」而不是「過去的樣子」，一切會有什麼不同？

迷思3：性格來自於你的過去

因為有些時候，也該給過去第二次機會[26]。

——麥爾坎·葛拉威爾（Malcolm Gladwell）

許多理論背後都潛藏著一種常見預設：因果決定論（causal determinism），也就是認為目前發生或存在的一切，都是由先前的條件或事件所引起。依照這樣的觀點，人就像是骨牌列裡的骨牌，各種際遇早已由先前事件所「註定」[27]（還不只是「影響」而已）。

心理學家發現，想要預測一個人未來的行為，最好的辦法就是觀察他過去的行為。這種觀點通常經得起反覆驗證，透過長期觀察，似乎的確不難預測人的行為。

但這裡要問的是：**為什麼？**

談到行為的可預測性，一種主要論點認為：「性格」是一種穩定的「特質」，在大多數情況下不會改變。不過這整本書則要告訴你，這樣過度簡化的說法不僅太過粗略、不夠準確，還會讓人變得怠於思考、愛找藉口，無法擁有長足的進步與理想的人生。

沒錯，相處一段時間之後，會覺得人的行為大致上沒什麼變化、可以預測，而且往往也確實能夠預測。但這樣的一致性並不是因為性格固定不變，而是有四個更深層的原因，讓人陷在過去的模式當中：

1. 沒有改變對**過去創傷**的敘事方式，而是繼續讓創傷來定義自己。
2. 根據過去（而非未來）來編寫自己的**身分敘事**。
3. **潛意識**讓他們不斷維持過去的自己、過去的情緒。
4. **環境**所支持的是當下的身分，而非未來的身分。

以上正是影響性格的四個因素，好消息是，你可以控制它們。只要你開始改變、重組和管理這些因素，就能依你的想法，大幅改善自己的性格與人生。

一切由你做主，你可以決定讓自己成為這四個因素的俘虜（永遠卡在一個地方，覺得幾乎不可能有任何改變），還是要運用這四個因素成為未來所夢想的你。

在本書中，我會告訴你這四個因素如何影響你的性格，並且建議如何發揮智慧來控制這些因素。我希望幫助你做好準備來控制這些因素、而不是被這些因素控制；能夠成為你所選擇的樣子，而不是任由過去來決定你成為什麼樣的人。

讓我們先來看一些故事和科學證據，改變你對於「過去如何『造成』現在」的看法。

塔克．麥克斯（Tucker Max）和其他人聯合創辦一家成功的出版媒體公司，他也是一位丈夫以及三個孩子的父親。現在他會說全世界最重要的就是家人。但二〇〇六年的他是個完全不同的人，當時他寫了一本書，書名為《塔克，嘿咻嘿咻嘿咻！》（*I Hope They Serve Beer in Hell*），一出版就登上《紐約時報》暢銷書排行榜榜首，狂銷數百萬冊。

麥克斯在本書及後續著作中，呈現他二、三十歲時的生活：夜夜喝到爛醉、不斷和一個又一個陌生人上床，態度自大傲慢，並用最惡意、最低俗的言語對待每個人。

這本書狂銷熱賣，加上麥克斯名氣大漲，於是二〇〇九年被改編成同名電影。儘管麥克斯的行事風格飽受批評，但他仍對這部片抱持很高的期望，相信電影和他的書一樣能再次大獲成功。然而電影上映之後，票房大崩盤，更被評為年度大爛片[28]。

大約十年後，麥克斯在二〇一八年接受湯姆．比利烏（Tom Bilyeu）訪問[29]，提到電影失利是他這輩子最糟糕的一個經歷，實在令他失望透頂。這件事給他造成的痛苦實在太大，迫使他得面對自己一輩子都在躲避的惡魔。

當時自尊被狠狠擊碎的他，感到前所未有的脆弱與無助。這也逼得他不得不向自己承認長久以來過得並不快樂。

二〇一二年，歷經三年的治療與自我反省後，他終於能夠真誠的面對電影失利後的種種改變。麥克斯在接受《富比士》（*Forbes*）採訪時發表一份公開聲明[30]，表示他要正式拋棄過去的生活方式：「我要在此公開宣告引退。我希望繼續過我的自由人生，而我想我必須做的，就是公開為過去的一切畫下句點。」

如果你今天和麥克斯談到他過去的人生，他完全不會感到痛苦、生氣或尷尬。他告訴我，當他讀到自己過去的著作時，感覺像是在讀**一個完全不同的人**所寫的東西。由此可以明顯看出，他已經成功的治癒自身情緒：他能夠以同理、甚至**正面**的態度看待自己的過去，而不是從一種負面的態度出發。

麥克斯告訴我：「每當想到過去的那個我，我總為他感到難過。但我現在能夠了解當時他為什麼會有那些舉動，我對他充滿同情。」

你在本書中能夠找到許多新的觀念，但最不可思議、充滿希望、令人感覺得到救贖的一點就是：只要你開始主動、有意識的在人生裡向前走，不只你的未來會變得更好，**就連過去也會變好！**你會愈來愈覺得，過去的一切都是為了成就你，而不是要折磨你。

麥克斯的「失敗」雖然在當時令他痛苦，但那正是他所需要的。這件事成就了他，而不是造成折磨。從那之後，失敗反而讓他對人生有了更高、更能賦予他力量的目標。

當你開始成長、開始創造新的經驗，就會以新的視角看待與詮釋過去所經歷的一切。如果幾個月或幾年之後，你對過去的看法幾乎完全相同，那就意味你並沒有從過去學到任何東西，沒有積極的讓自己繼續成長。

「不變的過去」顯然代表你的情感變得冷漠與僵化，你逃避面對現實、拒絕在人生中往前邁進。當你愈成熟，就愈會用不同的視角看待過去的經歷。以我為例，最近就曾經對自己過去做人做事的表現感到慚愧，而且我所謂的過去，還只是去年而已。

你的過去可以改變，而且必須改變。

你的過去應該要**隨著你的成長**而有所成長。

想要了解過去如何改變，就必須先稍微了解記憶的運作方式，甚至得要了解一下「歷史」是怎麼一回事。

所謂的歷史，會根據說故事的人是誰、距今又過了多少時間而不斷改變與重修。像是關於冷戰的起源，如果你讀的是美國一九五〇年代寫的歷史，你會看到書裡言之鑿鑿蘇聯就是罪魁禍首，而且還有大量證據佐證。書裡也會提到史達林竊據東歐，拒絕履行承諾將民主帶給當地人民，而且意圖將共產主義傳播到全球每個角落。

但如果你讀的是美國在一九六〇年代後期寫的歷史，很有可能讀到的又是另一個故事，講的是美國希望把歐洲的經濟緊緊抓在手裡，好讓美元在這些國家的地位不受動搖。你也會讀到杜魯門在波茨坦會議有多蠻橫、又是如何操弄原子彈。這時候，冷戰似乎不是蘇聯搞的鬼了，書上寫著責任該算在華府帳上，史達林只是因為在二次大戰有超過兩千萬人喪生，而必須起身防衛。

到一九八〇和一九九〇年代再講這個故事，又會出現全新的角度。這時的史學家說，由於東西方意識形態的差異，冷戰本來就無可避免。書上會寫道，想把錯都怪到一個人或一個國家上，只是徒勞。

正如歷史會這樣隨著時間和視角的改變而不斷變化，我們的個人敘事也會隨著時間變化，每次說起來都有些不同。原因之一在於，人的記憶並不是一個固定不變的檔案櫃，而會隨著取得各種新的體驗而不斷流動變化。事實上，光是去回憶某件事，就會讓你的記憶有所變化。每件事都會呈現網狀的記憶連結，而對某件事的回憶一旦有了新連結，就會讓整個記憶立刻出現無法察覺的改變。

某個故事講愈多次，改變的程度也會愈大。隨著時間流逝、文化推移，我們對歷史與特定事件的看法就會有所不同。記憶也是如此。所謂的過去以及我們對過去的看法，與其說是反映過去本身，還不如說是反映**我們目前的自己**。

心理學家布倫特・史利菲（Brent Slife）在《時間與心理解釋》（*Time and Psychological Explanation*）指出：

> 我們會根據當下的心理狀態，重新詮釋或重建我們的記憶。就這個意義而言，**與其說是過去為現在帶來意義，不如說是現在為過去帶來意義更為準確**（粗體為作者本人所加）……我們的記憶並不是「儲存起來」的「客觀」實體，而是當下我們活生生的一部分。正因如此，我們現在的心情與未來的目標會大大影響我們的記憶[31]。

要說當下的我們形塑了過去的意義，乍聽可能覺得全無道理。但你很快就會看到，這其實沒有那麼複雜。舉例來說，假設有一天早上去上班時，老闆忽然把你叫進辦公室，似乎毫無理由就說要給你加薪一〇％。你樂壞了！走出老闆辦公室的時候，你整個人彷彿像是漫步在雲端。

到了午餐時間，你把這個好消息告訴一位工作內容和你差不多的同事。她卻告訴你，她一樣加薪了，而且加了一五%。

對於這項新資訊，你感覺如何？還是感覺像漫步在雲端嗎？我想大多數人可能都不再這麼覺得。可是，為什麼呢？加薪一〇%這件事情**本身並沒有改變**，但這件事的意義卻大不相同。

換言之，當一件事放在新的情境脈絡裡，一切就變得不一樣了。一〇%本身並沒有多大意義，是經過比較之後才具有意義。一開始的時候，你是把加薪一〇%和過去的薪水做比較，而現在，你是把一〇%和同事的一五%做比較。

比較的情境不同，就改變了過去的意義。詩人薩迪・施拉茲（Saadi Shirazi）有句話正能說明這項真理：「我過去會因為我沒有鞋而哭泣，直到我遇到一位沒有腳的人。」[32] 因此，「沒有鞋」這個問題的嚴重程度是相對的。情境脈絡會讓一切有所不同。但所謂的性格測驗，就是完全不管情境脈絡，而認為你的測驗得分就能代表「你」。

情境脈絡也會讓記憶有所不同。記憶的內容之所以會改變，是因為就像看著食譜的時候，我們也總會再加點別的東西。新的體驗改變過去的記憶，為過去的記憶加入新的觀點與意義。有時候，新的體驗可能會讓過去的經歷完全被遺忘。

我們的過去就像我們的性格，並不是永遠固定、永不改變。重點與其說是實際的內容，還不如說是情境脈絡。因為情境脈絡會決定內容的意義、焦點、重點、甚至是外貌，所以情境永遠要比內容更重要。只要改變情境脈絡，就會同時改變內容！

光是因為某件事發生在過去，並不代表這個事件或經歷就是「客觀的」。這一點雖然是事實，但可能會讓很多人難以接受，特別是有些人總堅持只能以某種特定方式來了解過去、了解某個事件。

我們的過去就像任何經歷或事件一樣，都是出於主觀的觀點，是由我們自己來賦予意義，無論這個意義是正面或負面、是好或壞。當然，過去的經歷確實會對我們造成影響。但真正影響我們的還不是我們的過去，而是現在的自己**對那個過去**的詮釋及情感的依戀。會說「因為我過去如何如何，所以我就是現在這個樣子」，等於是告訴大家，你還陷在過去的情感之中。

人人都有著大大小小的創傷，而如果把創傷放著不管，人生就不會前進。我們會在情感上僵化封閉，不再學習、發展與改變。這樣一來，我們的過去也變得僵化，而記憶就以痛苦而不變的狀態存在著。

如果只是不斷逃避過去的創傷以及隨之而來的情感，人生就會變成一個不健康且不斷重複的模式。在這種時候，沒錯，用過去就能準確預測我們的未來，但這並不是因為性格不會變，而是因為我們自己逃避改變，只是不斷重複學到同樣的教訓。

如果某個人的人生及性格在一段長時間內只是不斷重複，等於是一個明顯的指標，顯示他有創傷尚未復原。等到他能面對創傷，更能敞開心胸，也終於改變思考框架，就是讓自己對過去有了正面、成熟的觀點。他的現在與未來，就不再只是反映著過去。

麥克斯正是以體諒與更深的體悟看見過去的自己。現在的他，**所認同的**不再是那個過去的自己。他們就是兩個完全不同的人，有著不同的價值觀、目標和情境。而且，雖然麥克斯現在已經不一定想當過去的自己，他還是能對那個人、對那些像他的人抱著同理心。

麥克斯對過去事情的看法，會隨著他的自我發展而不斷改變。他並不是過去的受害者。並不是他的過去讓他成為現在的樣子。相反的，正因為他選擇不要困在過去，而讓過去的意義不斷擴張、改變。

麥克斯選擇要讓人生向前，而且是繼續向前。他現在還在學習，擁有各種新的經歷體驗，並且再將這些經歷整合起來，發展自己人生的意義。麥克斯眼中那個**未來的自己**（包括他的價值觀和家人），才是現在推著他向前的動力。

所以，絕對不是麥克斯的過去讓他成為現在的樣子。事實上是根據他想變成的樣子，而讓他的過去不斷產生變化。

這件事對你我來說也是如此。

我們會對過去有怎樣的描述、詮釋與認同，受到當下情境的影響遠大於實際的過去。舉例來說，如果一講到爸媽在你小時候怎麼對你，到現在還讓你覺得耿耿於懷，從這件事更能看出的是**你現在的情形**，而不是在你小時候發生的事。到現在還是不斷怪罪著過去的人或事，讓你成為受害者的角色；而這件事所反映出來的，與其說是你所怪罪的人或事，還不如說是反映了你自己。

我並不想、也無意去貶低你的體驗與經歷。或許你確實經歷過某些駭人聽聞的事，或許你看到某些你認為再也無法從腦海抹去的事情。這樣的經歷可能讓人很難面對，而讓你總覺得遭到誤解、感到孤單。

然而，「改變過去」並不代表你要改變或無視這些事情的內容，相反的，這些內容其實就像金礦一樣，能讓你挖掘出各種洞見、意義與可能。

真正需要改變的，並不是過去的內容，而是**你今天要怎麼看待這些內容**。正如普魯斯特（Marcel Proust）所說：「真正的發現之旅不在於尋找新的景色，而在於擁有新的觀點。」[33]重點不是要看到一百萬種事物，而是要能夠以一百萬種不同的方式來看待相同的事物，並且我們希望用的是更好、更有用的方式。

以更有效、更健康的方式來看自己的過去，是人之所以能成長的一種自然傾向。在這樣的發展當中，尋求新的體驗經歷是不可或缺的重要部分。然而我們卻常常無法從自身的經歷中學習，或是推動改變；我們只是逃避這些體驗，或是有了經歷卻無法從中學習。

若想積極創造新的體驗、讓這些體驗改變自己，你需要擁有更好的心理彈性。心理彈性是可以鍛鍊的技能，能讓自己更善於變通、適應環境、穩定低迷情緒、朝著自己所選擇的目標與價值邁進。提升心理彈性才能順利跳脫過去的老故事、重新想像未來的自己。當我們的心理彈性愈高，就愈不會被情緒所羈絆，愈能從擁抱情緒中獲得成長。

提高心理彈性，才能讓我們獲得更完整的情緒發展。情緒發展是了解性格的關鍵所在。當一個人情緒發展程度與心理彈性程度愈低，就會愈想逃避各種艱難的體驗，也就愈容易受過去的創傷經驗所限制與定義。這似乎與我們的直覺不符，因為許多人相信應付艱難體驗的最好辦法，就是把情緒深深掩藏起來，獨自進行一場沉默的戰鬥。

如果能夠正向面對自己的過去，並不吝於從他人那裡得到幫助，就能讓你的心理變得更有彈性，也能獲得更好的情緒發展。每次面對自己的過去，你都會改變它。每次你以誠實和勇氣面對未來，就會變得更靈活、更成熟。你將擁有更多的信心與想像力，不再受制於過去的自己與感受，進而擺脫各種束縛，自由的去做自己想做的事。

情緒正是通往成長的大門。有些人的性格發展之所以會面臨無法突破的瓶頸、陷入無盡的惡性循環，就是因為在面對自己與他人的連結、面對各種困難與具有挑戰性的關係時選擇逃避。結果就是讓自己被過去有限的感知所束縛，而這些束縛其實早就應該被拋棄。

「過去的你」是怎樣的人？什麼樣的經歷讓他成為那樣的人？

「現在的你」和「過去的你」有什麼不同？

如果能夠相信過去經歷是要成就你、而不是要折磨你，你的人生會有什麼不同？

如果能夠接受過去和現在的你根本是兩個不同的人，你的人生會有什麼不同？

如果能夠不再怪罪過去、不再用過去限制自己的未來，你的人生會有什麼不同？

迷思4：我們必須「找到」自己的性格

生活的重點不是找到自己。生活的重點是在創造自己。

——蕭伯納（George Bernard Shaw）

我有個朋友叫凱莉（Kary），她已經四十出頭，但從來沒有一份工作待得長久。她每幾年都會轉行，從來沒能在公司裡發揮什麼重要的作用。她覺得好像無法真正認識自己，並為此深感挫折。她看著身邊的朋友和同事，覺得他們好像知道一些她所不知道的事。她告訴我：「他們好像都挖掘到人生的祕密，能盡情發揮自己的才能與熱情。」

至今，凱莉還在等著什麼時候才能找到自己。她對生活的態度很被動，總希望會有那麼一天，自己能像被一道閃電打到般突然茅塞頓開，從此就能充滿自信往前邁進，成為那個真實的自己。

但凱莉搞錯一件事：是行動帶來啟發，而不是啟發帶來行動。光等著被閃電打到是不行的，必須採取行動才可能提升自信心和想像力。她得**決定**自己想要什麼，然後開始前進。在一切緩緩前進的過程中（即便幅度再微小不過），她將看得更清楚、變得更有自信，像是為自己開啟一扇門，得到更大的彈性與改變。

很多人都像凱莉這樣，總擔心還沒有「找到」自己或自己的熱情所在。有種常見的想法認為：你應該主動找出自己的「熱情」、把它發揮到極致；如果找不到熱情所在，你就只能是個乏善可陳的無名小卒。當今的流行文化就傳遞著這種訊息，相當符合我們的文化對性格測驗迷戀不已的現象。我們之所以認為可以「找到」熱情，是因為覺得熱情就像性格一樣，是每個人獨特且與生俱來的東西。

卡爾．紐波特（Cal Newport）在《深度職場力》（*So Good They Can't Ignore You*）中指出，與其想找出自己的熱情所在，還不如培養出自己稀有而寶貴的技能。去找出市場上的某個需求，然後試著滿足那個需求。只要你能培養出相關技能、開始看到自己的成功，熱情自然會隨之而來。紐波特寫道：「你先努力投入工作、讓自己在某件有價值的事情上變得出色，之後就會得到熱情，而不是先有熱情再去工作。換句話說，你工作的內容遠不如你工作的態度來得重要。」[34]

紐波特對熱情的想法與動機相關的研究結果完全吻合。動機也像熱情一樣，並不是個要去找出來的東西，而需要透過主動向前而創造。

熱情和動力都是結果，而不是原因。哈佛大學心理學家傑羅姆．布魯納（Jerome Bruner）表示：「應該會是行動帶來感覺，而不是感覺帶來行動。」[35]正如前面所提到的，自信也是一樣。你並不是一開始就有自信，是你先選定目標、穩定朝目標前進[36]，就會得到自信這個副產品。

想在努力之前就先有自信，就像是想在工作之前就拿到薪水，這根本就是想要偷懶又想一夕致富的想法，等於是希望不用付出任何努力與創意、不採取行動、不冒風險、不做任何改變，就想得到一個發展完全的性格。像是被寵壞的有錢小孩，希望一切都有人幫忙端到眼前。

熱情是最後的獎勵，但你就是得先投入努力才行。

性格也一樣。性格不是一個你「找到」的東西，而是要透過你的行為與行動創造而成。認為需要「找到」你的性格，就像是認為性格是天生、根植於過去，這些都是錯誤的想法。

事情並非如此。

性格正如熱情、靈感、動機與自信，都是你在人生做出各種決定之後的副產品。當你認為是性格推動你生命中的各種選擇（像是找工作時選了一個你覺得「適合自己性格」的工作），就會對自己造成限制、抑制你的表現。

在你看來，像是甘地、德蕾莎修女那些有著強大影響力的人，難道做決定時就只是以他們的性格為依據？又或者，他們的決定是基於某些更重大的原因，再靠著他們致力於達成那些決定，才讓他們擁有如此的成就？

使命感的重要性遠超過性格。沒有深層的使命感，你的性格只會想要逃避痛苦、追求愉悅，那就是一種動物本性、低層次的運作模式。然而，那也是大多數人對性格的普遍看法和做法。如果你能做到由使命來推動，你就能變得高度靈活有彈性，做決定時不只是基於痛苦或愉悅，而能夠創造自己、成為你想成為的樣子。

此外，只要你對自己的目標夠認真，就會進而塑造你的性格。

使命不是被你「找到」的東西，而是你最終為自己做出的選擇。別再去「尋找」，而是要「決定」，再讓這個決定改變你。

並不是從性格當中產生各種決定與目標，而是從各種決定與目標當中，產生你的性格。如果你能主動、有意識的做出積極的決定、發展技能、並尋求新的體驗經歷，你的性格也就能得到良好的發展與變化。你訂出高遠的決定與目標，性格就會隨之提升；不要只因為當下的性格，就降低決定與目標的層次。

一心想要「找到」自己的性格，只會導致缺乏作為、逃避困難的對話、讓自己分心虛耗，並且為自己的生活方式找藉口，這會讓你在人生的旅程上只是一個乘客。相反的，你可以也應該成為自己人生旅程上的司機。你可以是那個創造一切的人。

認為性格是「找出來的」還有一個問題：會造成極度自我中心的思考方式。人生的一切似乎都是關於你、你、你。以目前千禧世代勞動人口深感挫折為例，不論這種想法是否公平，常有人認為千禧世代懶散成性、又自以為是，不願意做任何他們覺得自己「沒熱情」的事。他們落入一個陷阱，以為熱情是一種應該能夠立即、本能般出現的事，不知道這是需要經過一段培養知識及能力的過程，投入心力而有所貢獻之後才油然而生。

在《內在探索》（*Inside Quest*）節目的一次採訪中，作家暨領導力專家賽門．西奈克（Simon Sinek）認為千禧世代之所以很難在工作中獲得快樂，問題癥結在於他們的成長過程。他們在充滿刻意鼓勵與即時滿足的環境中長大，即使比賽輸了也能領個「參加獎」，甚至到大學還有很多家長一直在幫孩子向老師爭取更高的分數。於是他們相信自己「想要什麼就該立即得到」，而不是「想要什麼就該努力付出去爭取」。

明明是最後一名卻能得獎，明明沒有實際成果卻能得到好成績，乍看之下對孩子是一種鼓勵，長遠來看卻可能會對孩子有害。西奈克等人就認為，並沒有人告訴千禧世代必須付出努力，才能贏得人生中想要的東西，於是他們期待一切能不勞而獲。由於他們缺少自尊、又期待一切都能即時滿足，因此我們完全可以想像為什麼他們那麼愛做性格測驗：你不用多想、也不用負責，就能認識自己、得到即時而輕鬆的答案。

性格測驗就像是給靈魂吃的速食，讓你以為可以立刻找到真實的自我。就像是凱瑟琳・布里格斯認為所有的行為都該得到包容，性格測驗會讓你覺得現在的自己、現在生活的狀況都理應如此。

但不該是這樣。你的性格不該是「找」出來的。

與其等著人生自己找上你，或是等著父母或親人來幫你一把，為什麼你不為自己的人生負起責任？

為什麼不學著做決定、學著做自己人生的領航員呢？

為什麼要因為自己現在的樣子，就給自己設下種種限制？

為什麼只因為現在的自我認同太脆弱，就想逃避失敗、什麼都不想做？

為什麼不選擇投入及努力，讓自己成為一個偉大的人？

根據紐波特的說法，「找到自己的熱情」是種自我中心的想法。有人會想找到自己有熱情的工作，是因為過去受到的教導都告訴他，工作還是要看自己、是為了自己。但世界上最成功的人都知道，工作真正的重點是在幫助他人、為他人創造價值。紐波特說：「如果你希望能熱愛自己的工作，就該放下用「熱情」的觀點思考：這個世界能提供我什麼，而改用「職人」的觀點思考：我能為世界提供什麼。

想要「找到」自己，還有最後一個問題：這會讓你缺乏彈性，無法面對那些你感覺困難、複雜、超出你「天生」能力的情形。這麼一來，我們便不會試著去應對困難的情況，而是偷懶的用標籤當作藉口，例如，說自己就是「內向」的人，所以難以適應與投入某種情境。結果就是我們讓自己服膺於設下的標籤，而不是讓自己將眼光望向更遠大的目標。到頭來，我們就會逃避衝突、逃避困難、逃避各種新鮮事，自我設限在膚淺的觀點之中。是我們阻礙自己的成長，只做那些能帶來即時滿足、能立刻看到結果的事。

相信自己必須「找出」自己的性格是一種**定型心態**，讓你無法妥善運用機會或創造機會來改變自己。

二〇一五年是我讀博士班的第一年，太太蘿倫和我領養了三個孩子。我們過去從來沒有養小孩的經驗，也從來沒有認真研究該如何教養小孩。忽然成為三個孩子的爸媽，得一肩挑起各種突如其來的情感需求。

身為養父母的第一年，我不斷面對各種挑戰，一切看來都遠遠超出我的「自然能力」所能應付。我從未如此謙卑，也從未如此崩潰。更重要的是，在養小孩的第一年，我對於這件事的熱情或興奮可說幾近於零。事實上，我還常常逃避回家，因為覺得實在太辛苦、太折磨人了。無論在當時或現在，養兒育女都是我這一生做過最難的事（相信許多爸媽都會心有戚戚焉），簡直像是用放大鏡來看自己的弱點。

而我對孩子的反應，像是缺乏耐心、同情心和同理心，常常讓我對自己感到失望。但偶爾我也對自己感到一些驚喜，發現自己竟然願意為了孩子做到這樣的程度，以及自己有多麼愛他們。

為人父母絕不是什麼輕鬆或「自然而然」的事，人人都得歷經一道學習曲線。但不管在過去或現在，這對我來說都是一個**改頭換面的經歷**，不只讓我、更讓我的整個人生都變得更好。現在，我對養兒育女的熱情和興趣與日俱增，每天都想做得更好、也的確愈做愈好，我知道自己最後一定能深諳此道。

通常，能夠逼出你的成長極限的，就是要抓住超出自己現有能力（也就是看來「不自然」）的機會，或是承擔超出自己現有能力的責任。如果你只是一直等著，想找到讓自己立刻、直覺就感到有熱情的東西，就會錯失絕大多數你最寶貴的成長及成功機會。你會錯過無數個讓自己比現在更進步的契機，也不會意識到：不論是你的性格或熱情，都是根據你自己而創造出來的。

想要等到某個讓你感到熱情的機會，而且還希望能剛好和你的天生性格一拍即合，幾乎就等於說：「外面有幾百萬個成長的機會，但我只想等到那百萬分之一，一定要剛好符合我目前有限的經驗、狹隘的觀點。」

這種想「找到絕配」的問題，也會出現在伴侶關係上。有些人因為一心相信性格是天生不變，也就會浪費大把時間，想要找到一個「完美」的真命天子或天女，然後互相交往、步入禮堂。許多人正是因為對人抱持這種根本上的誤解，於是一直無法投入一段長期的關係。他們總以為，只要找到那個「對的人」，一切就會水到渠成。

這是一種無知。想要經營一段成功的婚姻或伴侶關係，就像養育子女一樣困難，但也一樣有意義。

正如你永遠無法「找到」那個真正的自己，你也永遠無法「找到」那個完美的靈魂伴侶。那種「想要找到完美伴侶」的心態，和「想要找到完美工作」根本沒有什麼不同，就是想滿足個人利益來獲取幸福。然而總是被人們遺忘的真相是：幸福本身就是人生的終極目標，而不是實現其他現實目標而獲得的附加價值。關於這點，哈佛商學院教授克雷頓・克里斯汀生（Clayton Christensen）就說過：「通往幸福的道路，就是要找到一個你想讓他快樂的人，一個值得自己投入讓他快樂的人。」[37]

這裡的重點是：結婚的理由，絕不能是因為對方的性格特性。為什麼？因為性格會隨著時間而改變。當然，改變是一個連續的過程，但不論如何，你當初愛上的那個人，過了兩年、五年、十年、二十年之後，可能不會是同一個人。隨著所處情境及兩人相處時的種種複雜因素，像是工作、金錢、搬家、孩子、旅行、老化、悲劇、成功、新資訊、新經歷、文化轉變、身分轉變等，你和伴侶彼此的性格都會改變。

而且隨著時間流逝，就算是最有趣、最迷人的性格特質，也會慢慢失去新鮮感。相較於因為某個人現在的樣子而和對方結婚，我們需要有更高的智慧與洞察力，才能因為看到未來的對方，也看到對方能如何在未來協助我們，讓我們變成理想中的自己，所以才結婚。

和這個人結婚，是否能讓你變成自己真正想成為的人？你又是否能讓對方變成對方真正想成為的樣子？你們兩個人攜手，可以一起變成怎樣的人？擁有怎樣的未來？

結婚的理由，必須是因為兩個人有共同的理想目標，而不是因為性格特質。而在這個理想目標的引領之下，將會讓你們兩個人都隨著時間慢慢改變。

要發展出穩固的關係，靠的不是「找到」某個對象，而是要兩人合作，一起透過這段關係來創造、變成全新的人。為此雙方都需要有所調整與改變，成為更一致的整體，達到一加一大於二的效果。如果一方或兩方都無法為了或透過這段關係而改變，這段關係就會失衡，也很可能會以失敗收場。

高品質的伴侶關係是透過雙方的改變，而不是透過雙方的交易。而因為合作是一種創造性的活動，究竟會有怎樣的改變也通常難以預料。

所以，你給自己創造出的理想目標是什麼？

如果你不再試著想「找到」自己，而是努讓自己力變得更有創意、更密切與他人合作，情況會有怎樣的轉變？

如果你從現在就開始改變，對自己的性格大刀闊斧、塑造成你想要的樣子，會有怎樣的發展和改變？

如果你可以發揮創意來設計自己的人生，你會變成什麼樣子？

（溫馨提醒：你真的做得到！）

迷思5：性格是每個人「真實」的自我

最後一個迷思，就是認為你的性格就是那個「真實」的自己，也必須要「忠於」這樣的自己。這個迷思讓許多人對自己的看法變得格外僵化而狹隘。

當今全美各地的青少年正陷入心靈僵化的危機。許多學生開始要求校方取消課堂上的口頭報告，說自己有焦慮問題，在眾人面前演講會令他們感到「不舒服」。他們一心相信，自己不該被要求做些會感到不自在的事。

《大西洋》雜誌（*The Atlantic*）刊載一篇名為〈青少年抗拒課堂報告〉[38]的文章，提到有個十五歲的年輕人在推特上發表一篇聲明，並得到超過十三萬次轉推、近五十萬個讚：「別再逼學生在全班面前進行報告，要讓他們有不這麼做的選擇。」

另一位青少年的推文則寫著：「老師們，請別再逼學生在全班面前報告或舉手發問來交換好成績。焦慮是真實的。」十四歲、讀八年級的烏拉（Ula）說：「沒有人該被逼著做讓他們覺得不舒服的事。上台報告或許有助於培養自信、是學習的一部分，但確實有學生會感到不安與焦慮。所以老師應該設法減輕學生的壓力，學校不該讓學生感到恐懼。」

耐人尋味的是，有許多老師同意這些學生的觀點，紛紛提出替代學習方案，幫學生降低在情緒與社交方面的風險，讓報告過程變得更舒適自在。但這樣做並不能讓學生變得更成熟自信，反而只是在迎合學生的要求，默許定型心態與缺乏彈性的心靈。

傳統上認為「性格就是天生不變」，而這種看法的根本問題在於，會讓人覺得可以只做那些感到自然或輕鬆的事。一旦遇上困難、辛苦或棘手的事，他們就會說：「這事不符合我的本性，我沒辦法做。」

現代社會十分重視人的「本性」，相信每個人都有個「真實」的自己，也認為我們都該「做真實的自己」。這個「自己」被視為是天生的、最重要的。因此很多人會說：「我必須做真實的自己，我不該否定自己的感受。我不能欺騙自己，所以應該去做那些適合我的事情。」

這種想法雖然是出於善意，卻反應出一種定型心態，常常是受到過去的創傷、或是不健康的家庭經驗所影響。很多時候，來自極端家庭的孩子（不論是極度嚴厲、或是完全放牛吃草）就可能會發展出這種基於情感的自我引導。

我認識很多即使早已是成熟的大人，卻選擇以「順應本性」或「做真實的自己」為名，緊緊束縛住自己的人生。流行文化讓這些成人就像那些八年級孩子一般，認為「我當下的感覺」才是真實的我。我在提問、試著深入問題核心的時候，常常發現他們心中總覺得自己不夠好、擔心無法達到父母的要求。

人們對「本性」的渴望，反而會讓他們陷入不健康的模式，困在自己的不安全感之中。讓我們把那些愛抱怨的高中生與華頓商學院教授暨《紐約時報》暢銷作家格蘭特做比較，格蘭特曾提過他如何克服公開演講的焦慮。為了成為自己想成為的樣子，他必須放下那個「真實」自己的想法。在猶他州立大學的畢業典禮致詞中，格蘭特說：

在人生中，如果你把「本性」當成最重要的價值，就有可能阻礙自身發展。我讀研究所的時候，有個朋友要我到她班上當一堂客座講師。當時的我很怕做公開演講，但還是希望能幫她忙，於是勉強答應。我想這會是個很好的學習機會，所以上完課以後還發下回饋表，問學生有什麼可以改進的地方。結果實在慘烈，有個學生寫道：「你太緊張了，身體顫抖到全班都能感覺到。」

我「真實的自己」實在不喜歡公開演講。但自此之後，我開始接下更多演講，我知道這是唯一能讓自己進步的方式。我沒有忠於「真實的自己」，而是忠於那個「我想成為的自己」。[39]

如今人們講到「本性」，往往其實是在說：「我抱持著定型心態。我覺得自己就只能是這個樣子，不該做任何會讓自己覺得不自然、不容易的事。我只想做能讓當下的自己覺得開心、正確的事，其他的事都沒必要去做。」

所謂「真實的自己」不是你現在的樣子，更不是你過去的樣子，而是你真心渴望成為的那個人。真實的重點在於誠實，誠實的面對現實，別再感覺不舒服就試圖逃避困難的對話，別再為自己的局限找一堆藉口。

你真正想成為怎樣的人？

如果你不再盲目遵從「本性」，而是誠實面對那些對你造成限制的原因，一切會有什麼不同？

如果你能和人生中最重要的人好好談一談，不要逃避那些困難的對話，一切會有什麼不同？

如果你選擇忠於未來的自己，而不是忠於當下的恐懼，一切會有什麼不同？

本章小結

你的性格並非用簡單的性格測驗就能呈現。你的性格並非天生如此而無法改變。性格不是你的過去，也絕對不是所謂「真實」的你。你的人生更不是非得「找到」自己的性格才能開始前進。

這些迷思十分常見，卻害人不淺，它們會局限你天賦的潛力與自由。如果你也曾經被這些迷思所迷惑，請務必拋棄這些錯誤的觀點，或者至少開始試著去質疑它們是否可信，去思考這一切是如何影響著你的未來及人生。

面對自己或其他人時，你所看到的將不再只是某個固定不變的「類型」，而是會看到一個仍在變化中的個體，在歷史、期望、文化等因素的影響下，有著自己獨特的認同、寫著自己獨特的人生故事。我們應該用更多的同理心，來取代過去膚淺而武斷的判斷。

正如你即將看到的那樣，你的性格可以由自己決定、由自己創造。

性格是動態而且可塑的。只要你了解性格的運作、了解有哪些因素會影響性格，你就能決定讓自己變成什麼樣的人，讓自己的人生持續往成功邁進。你將有更大的成長空間，變得更有彈性、更具適應力。無論是你的過去或未來，最後終將成為一個可以由你自己形塑、自己定義的故事。

在接下來的各章中，我將詳細說明該如何進行。

第二章

現在的你，必須了解的性格真相

借助四支性格槓桿，
獲得改變自己的巨大力量。

最重要的資產，是你對未來的願景：想達到怎樣的水準、成為怎樣的人。沒有目標，就很難成功[1]。

——保羅・亞頓（Paul Arden）

安德烈・諾曼（Andre Norman）曾經蹲過十四年牢，但出獄後，他進入哈佛大學，現在更用一生投入助人的工作。這樣的轉變令人激賞，也讓很多人跌破眼鏡，但說起當初他會入獄的原因，恐怕會讓你更加難以置信。

諾曼之所以會進監獄，是因為他在十四歲的時候決定不吹小號了。

直到後來回顧自己的一生，諾曼才發現原來「放棄小號」是人生墜落的轉折點。這個轉折最終讓他放棄原本重要的一切，甚至包括他自己。

我邀請諾曼來家中作客，諾曼告訴我的孩子：「會進監獄的不是壞人，而是放棄自己的人。」

諾曼在波士頓的貧民區長大。他的成長環境惡劣，周遭全是徬徨無依、落入困境的孩子，基本上完全看不到一絲一毫掙脫現況的希望。或許是上天眷顧，在諾曼六年級時，樂隊指導老師艾禮絲看出他的潛力。

她拉了諾曼一把，讓他開始吹小號，也讓諾曼感受到前所未有的關愛。諾曼希望自己不要讓老師失望。他不太在意其他的課程，但他會去上艾禮絲老師的課。有艾禮絲老師陪伴的這幾年，諾曼對小號的天分慢慢得到培養和發展。

在這段美好的時光中，小號成為他生命中唯一正向又能發揮創意的情緒宣洩管道，他終於有了上學的理由。這也成為他身分認同的重要依據，是他對未來懷抱希望的關鍵，讓他能夠看見自己、覺得生命有目標。

小學畢業後，多數同學都進入當地中學，但艾禮絲老師主動幫諾曼填好文件，讓他申請一所特色學校。那所學校的樂隊班非常優秀，而且導師正是艾禮絲老師的先生。她覺得自己的先生可以幫諾曼一把，樂隊班也能讓諾曼順利渡過中學時期，不讓身邊各種麻煩纏上他。

諾曼原本不想去，但最後還是遵從老師的建議。他很敬重艾禮絲老師，畢竟當其他老師覺得諾曼身上沒有一絲一毫優點時，只有她支持著他。

於是，諾曼順利進入那所特色學校，但後續的發展並不如艾禮絲老師所期待。諾曼後來告訴我，當時他的身體裡彷彿住了兩個自己。其中一個是熱愛音樂的孩子；至於另一個則是想耍酷、不想當書呆子的孩子。

在他看來，樂隊班全是些書呆子。他很愛樂隊，但就是不想跟這些人在一起。他覺得自己格格不入，也不想變得跟這些人一樣。於是他跑去找那些他覺得很「酷」的人，不巧的是，那些人剛好很容易惹上麻煩。

入學才幾個月，諾曼的那些「酷」朋友已經不想再看到他拿著小號。諾曼告訴我：「如果你要跟十個籃球員混，總不能老是帶著棒球。他們不會懂的。」他們告訴諾曼：「不要再帶著那個蠢盒子，否則你就別跟著我們。」

那不是個簡單的決定，但在同儕壓力之下，諾曼屈服了。他把小號丟進垃圾車，也拋棄那個熱愛音樂的自己。沒有了小號，他對自己只剩一種看法：一個很酷的傢伙。就當時的他看來，這代表他該去模仿朋友那些年少輕狂、違法犯紀的行為。而那個曾經代表自己人生使命的小號已不復存在。

既然過去的使命與認同已然消逝，諾曼也就沒有理由去上學。上學已經不再符合他的認同或目標。他也不用同時應付兩個不同的世界，可以全心投入那些狐群狗黨的世界。慢慢的，他開始覺得自己可以為了滿足心願而不擇手段，即使傷人殺人也在所不惜。於是他真的變成那樣的人。

變調的人生

十八歲時，諾曼因為搶劫毒販而鋃鐺入獄。

坐牢的前六年，他對周遭的人敵意愈來愈深。監獄是個充滿凶險的環境，而諾曼也徹底融入其中。他很快就發現，幫派世界有著鮮明的階級。你犯下的罪行愈多、愈凶殘，就能爬得愈高。

他告訴我：「就像電影《神鬼戰士》演的那樣，你必須贏得大家的心、讓群眾站在你這邊，一切就看你呈現的形象和性格。你上一場仗表現得怎樣，現在的處境就會是怎樣。」

諾曼在監獄幫派的地位迅速竄升，成為赫赫有名的狠角色。有一天，他夾帶刀子進入監獄健身房，準備一舉幹掉八個對象。當然也可以順便幹掉其他他看不順眼的人，反正已經準備好要背上八個無期徒刑，再多幾個又何妨。他的目的很簡單，就是讓自己在監獄裡的階級再高個幾層。

那天在健身房，最後他刺傷了幾個人。「沒人死，只得到幾個謀殺未遂。」事隔多年後當他告訴我時，是用一種慶幸的語氣說話。

這次事件為諾曼帶來的代價，是被單獨監禁長達兩年半，刑期也多了十年。然而，這也讓他成為整所監獄的第三號人物。這正是他渴望得到的，單獨監禁、刑期增加彷彿都是「榮譽勳章」，象徵他的地位與名聲，也鞏固他創造出的這個自我。

他的目標形塑他的自我期待，他的自我期待形塑他的行動，而他的行動則形塑他當時和未來的樣子。性格的發展就是這麼一回事。

單獨監禁即將期滿前的某一天，諾曼照例在放風時間來到休息區。有個獄友跟他說，昨夜監獄另一區發生暴動，他的幫派小弟被捅了一刀。

諾曼勃然大怒，打算針對自己所在的區域，把跟這次暴動有關的人通通揪出來，要了他們的命。他告訴自己：「白人敢捅我朋友，我就把這個區域裡的白人全宰了。」

諾曼這種想法實在太過極端。只因為有白人捅傷朋友，就覺得所有白人都該負責、都必須受到懲罰。他告訴我：「如果是墨西哥人捅傷我朋友，我也會打算把所有墨西哥人都宰掉。」

諾曼這種非黑即白的思維，正反映著對於性格的傳統觀點，覺得人就是被分成特定幾類。我們無視於各種細微的差異及情境，只是不斷確認自己的偏見，有意或無意的忽略自己不想看到的東西。

在諾曼所處的單獨監禁區中總共有七個白人，全是「上得了排行榜」的幫派份子。諾曼如果把他們全殺了，無疑將成為排行榜上的第一人。這是命運之神來敲門，多年來諾曼企盼的目標和願景，此刻已經觸手可及。

「等他把話說完，我就去把那邊幾個人全宰了。這下我就是老大。」諾曼一邊聽朋友說暴動的事，一邊在心中盤算著。然而，獄友的話還沒說完，另一種想法竟出乎諾曼預料的到來。他忽然開始想像起自己的行動最後會帶來怎樣的結果。他唯一能想到的解釋是神帶來的天啟。這份感召浩瀚無比。

那一刻，神賜給我一種《綠野仙蹤》般的感受。在《綠野仙蹤》的尾聲，桃樂絲終於明白奧茲根本不是什麼偉大巫師，一切只是故弄玄虛的一場騙局。在此之前，我以為自己會成為世界的王；但到了那一刻，我知道自己連什麼屁地方的王都不是。這一切根本沒什麼了不起。

獄友發現諾曼似乎精神恍惚，問他：「嘿！老哥，怎麼了？你有在聽嗎？」

諾曼完全陷入自己的思緒當中。他忽然驚覺，努力成為獄中排名第一的老大，就像在

《綠野仙蹤》裡桃樂絲一直追尋著奧茲巫師。他已經在那條黃磚路上走了六年，但即使他成功抵達終點，最終仍將是一場空。這不過是一場騙局，一個毫無意義的追尋。

過去的點點滴滴就像跑馬燈一樣閃過他的眼前。從情感與精神層面出發，他終於開始質疑自己當下的目標是否真實。他想著最後的結果，想著是否值得為那樣的結果投入心力、是否值得讓未來的自己變成那個樣子。

就在那一刻，諾曼真正質疑著自己、以及自己的目標，那是他能夠擺脫渾渾噩噩、重新用清晰的意識看待人生的關鍵。而你也必須有這樣的體驗。請花一點時間認真思考自己的目標與抱負：

- 你這輩子真正想完成的事情是什麼？
- 你正在做的事最終會帶來怎樣的結果？
- 你是為了什麼而選擇現在**這條路**？真的值得嗎？
- 你是不是也走在一條哪裡也到不了的黃磚路上？
- 就算你真的能抵達「某個地方」，這個願景是不是訂得太小了？

史蒂芬・柯維（Stephen Covey）曾說：「要是你的梯子靠錯了牆，每爬一階都只會讓你更快抵達錯誤的地方。」要是你搞錯該追求的目標，終將無法找到你心中的那份自信、釋放出你內在的那股力量。

你走的這條黃磚路通到哪個盡頭？
你現在的人生處於何方？
你的梯子靠在哪面牆上？
等你踩上梯子最頂端，又會抵達什麼地方？

那天，諾曼沒捅任何人。他默默走回牢房，坐在床上自問：「如果我不想成為什麼屁地方的王，那我該做什麼？」

他得重新思考自己的一生。過去幾年，他一心就想在獄中稱王；然而現在「稱王」已經變得毫無意義，他需要找個新的目標。

他最先想到的就是要離開監獄，他不想再待在那裡了。但他後來告訴自己，光是「出去」還不夠，出獄的人有七五%會立刻又被關進來；他們總得一次又一次重演這樣的劇本，直到真的學到教訓為止。於是，諾曼的目標不只是「自由」，更要「成功」。

他自問：「成功的人都是從哪裡來的？」他推斷：「這些人都是大學畢業，所以如果我也上大學，我就能成功。」

諾曼從小生長在波士頓，也只知道一所大學：哈佛大學。於是，他在牢房裡經過那場《綠野仙蹤》的醒悟，認真思考著自己的人生與未來。他決定要上哈佛。

哈佛成為諾曼那把新的小號。

這是一個值得追尋的目標與使命。就像過去的小號那樣，他可以用哈佛為核心、建立一個新的自我認同，再依此引導他的行為、交友及選擇。他開始一心追求著這個目標，這成為他活著的使命，讓他擁有重要而有建設性的思考議題、朝著目標努力，並以此建立新的人生。

就是這個目標、這個新的使命，讓諾曼走出了監獄，進化為諾曼2.0，塑造出一個嶄新的性格。

後來又過了八年，諾曼才出獄。但在那八年裡他十分忙碌。他做的一切事情都由新的目標與使命加以篩選及推動。只要事物背後的「原因」夠強大，就能讓你找出達成目標的各種「方法」。諾曼開始自學讀寫、研讀法律，甚至學習憤怒管理。有一位東正教的拉比成為他的心靈導師，讓他真正認識自己的人生，也知道該如何扭轉一切。他開始了解什麼是寬恕、責任、負責與服務。

「拉比讓我知道怎樣才算是個人。」諾曼告訴我。

諾曼的新目標讓他擁有新的觀點，能用不同的方式來看待自己、看待環境。他再也不看周遭那些負面的力量，轉而注意各種實現目標的機會。

諾曼出獄後成為一個榜樣，成為曾蹲過監牢但成功扭轉人生的代表。他成了名人，到全世界演講，甚至包括像是麻省理工學院和哈佛大學這樣的知名學院。

而在出獄十六年後，諾曼在二〇一五年成為哈佛研究員，擁有自己的研究室，由哈佛為他的計劃提供資金，研究如何減少美國的暴亂與犯罪。他現在是一位國際知名的演說家，幫助成千上萬的人克服各種成癮症狀，讓人生走向光明。

諾曼的故事讓我們看到**性格的真相**。他的性格是由自己的目標使命塑造而成。先是小號，再來是要在獄裡稱王，接著是上哈佛。每個使命都會塑造出一個不同的諾曼。

你的性格是果、而不是因。性格的塑造端視你的目標、以及目標所產生的認同與行為。對大多數人來說，性格是他們對生活事件、環境與社會壓力形成的反應。性格並不是經過刻意的設計，沒有受到什麼質疑、也並非挑選而得。

只要你想清楚自己要去哪裡，就能成為你想成為的人。你可以不要走那條黃磚路。你可以放掉過去的自己。你的未來不一定要完全被你的過去所限制。你的行為不一定要和你過去的行為相符。你可以改變。徹徹底底的改變！

讓我們再把事情說得更詳細一點。

你的目標決定你是誰

不論你是否意識到，你所做的一切都有其使命與目標，而這些目標也同時形塑著你。在諾曼放下小號時，就不再以「繼續在樂隊磨練、成為音樂家」為目標，於是他也就放下這個面向的自我認同，將目標使命轉變成要和朋友廝混，而這也改變他的自我認同、行為與環境。慢慢的，這些事情就形塑成他的性格與未來。

你的樣子是由你的目標所決定，而不是什麼與生俱來的固定特質。隨著時間、透過反覆的行為，你的自我認同就會成為你的性格。

想了解這一切如何運作，我們可以參考一個古老的哲學概念，稱為「目的論」

（teleology，字源是古希臘文的telos，意為「最終目標」）。目的論認為，人類的所有行為都是受到個人的使命或是目標所驅動。然而，這些目的並不見得有多明確，定義也可能模糊不清。上YouTube瀏覽個幾分鐘、付帳單、和朋友出去、甚至是你的嗜好和興趣，都能找出背後的原因。

就算那些看來最沒什麼、最無聊的行為背後也有其目的。例如，拖延和讓自己分心都有原因，就算你只是想單純讓自己放空一下。

想做一個有意識的人，就必須看穿自己為什麼會去做每一個特定的行為。認定自己的行為背後都有其目的，就能讓你開始評估自己到底能不能做出好的決定。

你為什麼會做出這種行為？
背後的目標、原因或意圖為何？
最終的目的是什麼？
這個「目的」和你想擁有的人生是否一致？

人生中會有各式各樣的目標，可能是精神性的、經濟性的、生存性的、社交性的，或是情感性的。我們的每一個行動都是受到這些目標所驅動。

如果你問諾曼：「當年為什麼那麼喜歡小號？」他可能會告訴你，他當時覺得很有趣，或是他當時很喜歡艾禮絲老師；但如果你問：「當初為什麼想跟那些『酷』傢伙在一起？」他多半講不出什麼原因，頂多就是說覺得他們很酷、也想跟他們一樣。在很多時候，諾曼並沒有真正想過自己的目標，也沒想過目標對自己行為的影響。我們往往會被沒有意識到的慾望或興趣帶向某個方向。

正如蘇格拉底所言：「沒有經過仔細檢視的人生，是不值得活的。」[2]現在就讓我們花點時間檢視你的人生。先讓我們看看你過去二十四小時做了些什麼，好讓你了解，你做的一切背後都有目的在推動著。然後我們再來深入聊聊形成目標的三個重要來源。

請你找張紙，畫一條線把它分成左右兩邊。在左邊頂端，請寫下「活動」；在右邊頂端，則請寫下「原因」。

接著，請憑記憶列出過去二十四小時內的所有活動（在寫得下的範圍之內）。表1是我的例子，是過去二十四小時內我做的一些事，以及相關原因或目標。

接下來，每個「原因」背後都可能還有更深層的原因。像是我去健身房表面上的原因只是要「刺激一下心率」，但你還可以再問：「為什麼想要刺激心率？」我會說：「要讓我的身體健康、做事能專心。」你還可以再追問：「那又為什麼想要身體健康、做事能專心？」我就又會提出另一個更深層的原因。

重點是，你昨天做的事情背後都有原因。這些原因驅動著你的行為，但到頭來，你可能不會喜歡行為帶來的某些結果。檢視「你怎麼花時間」是件重要的事，這會反映出你的目標，以及

表1

活動	原因
早上五點起床	截稿日近了
聽一本有聲書	休息一下，讓自己補充活力，受到激勵
吃午餐	不讓自己挨餓，讓自己從工作上轉移注意力
看YouTube影片	放鬆一下，也想知道今天詹皇（LeBron James）是不是贏了
健身	刺激一下心率
去Publix連鎖超市	買健身後要喝的果汁，補充能量
和德雷（Draye）聊一聊	準備新的演講
錄音一小時	修正演講呈現內容
再寫作幾小時	截稿日近了
去學校接羅根和喬丹回家	照顧家人，跟家人在一起
去看凱勒的棒球比賽	支持孩子

你想讓自己得到的結果。看看自己過去二十四小時做了什麼事，再思考自己做出這些行為的原因，就能讓你看到自己的目標。思考一下：

- 你昨天究竟為什麼要做那些事？
- 你想得到怎樣的結果？
- 做那些事真的能幫助你得到想要的結果嗎？或者你的日常行為只是反映社會、情境、創傷或其他某些因素強加在你身上的目標？

等到你找出自己真正想要的目標，才能真正控制時間、控制你自己。你必須要有意識的選定目標，並投入全心去追求。每天做的事，應該要能讓你朝向某些真正重要的結果邁進，這樣過日子才不會後悔。

回顧過去二十四小時的活動清單，
有哪些事情符合你自己最後想達到的目標？
有哪些事情是未來的你不會做的？
有哪些事如果不做就能釋放出更多空間和能量，讓你更能達成目標？

目標的三個來源

一個人的信心，源自於朝向超過你現有能力的目標而邁進。

——丹・蘇利文（Dan Sullivan）

所有的行為都是由目標所驅動。但「目標」又是從哪裡來的？歸根究柢，目標有三個來源：

1. 敞開心胸學習

美國名廚查理・特羅特（Charlie Trotter）對現代美食影響深遠。多年以來，他在芝加哥的餐廳公認是全美國最優秀、最時尚的餐廳，為顧客提供每道要價數百美元的佳餚，以及具有極致品味與優雅的用餐環境。

特別的是，特羅特經常邀請貧困的兒童到自家餐廳免費用餐。他這麼做是希望能夠提升這些孩子的志向與目標，讓他們看到一個與自己日常生活完全不同的世界。

他要讓這些兒童打開眼界。

然而，特羅特此舉卻招致排山倒海的批評。常見的批評認為：「你會讓他們對自己的生活不滿意，覺得不開心」、「你讓他們對於未來有著不切實際的期望」。但特羅特不在乎，因為他常常收到孩子們的來信，深深感謝能有這樣的體驗與啟發。常有孩子說長大也想成為專業主廚，還有些孩子說以後要開一間比特羅特更棒的餐廳[3]。

特羅特讓這些孩子擁有**強化潛意識的體驗**。讓他們接觸另一種生活方式，在一個豐富的環境中提供情感體驗，開啟孩子們的想像力，使他們能夠觸及過去未曾想像的可能。

如果你根本不知道你可以有哪些選擇，你就根本不可能去做選擇。做選擇的能力會受限於自身環境與知識，只要能拓展環境，就能拓展你的選項。

我們所訂出的目標，是以能夠接觸到的事物為基礎。像我大學讀的心理系是以諮商輔導和社會心理學而聞名，所以我第一次申請研究所就選擇心理諮商領域，然而我當時其實並不確定這能否符合我的最終目標。

經過幾個月，我的所有申請都被拒絕。我和蘿倫決定去中國旅行三週。旅程中，我遇到一個人，他是蘋果公司在亞洲區的主管。他告訴我，他的工作就是要培訓、激勵和協助蘋果的主管與團隊，讓他們工作更有效率。

聽他跟我解釋他的工作，我感覺像是被電到一樣。他說的正是我想做的工作。

「你是怎麼找到這種工作呢？」我問。

他告訴我：「這件事有點不可思議。我本來讀的是法律，但輾轉就到了這個位子。不過我的主管有工業與組織心理學的碩士學位。」

這可有趣了。

我還隱約記得，在心理學入門的課堂上曾聽過「工業與組織心理學」的介紹，但大概就是五分鐘講完的內容，除此之外，我在大學生涯裡再也沒聽過這個學科。我上谷歌搜尋了一下，基本上這完全符合我想學、想做的事。我想起第一次申請研究所時，就是因為所知有限，於是受到限制。於是第二次申請時，我的資訊就更全面了。

成功的人會不斷讓自己接觸新事物。他們會去旅行、閱讀、結交新朋友。他們會重視教育與學習。他們會希望自己可以得到各種新奇的體驗。他們樂意拋棄目前的典範、接受更好的新典範。他們很清楚自己如果能有更好的資訊，就能做出更好的決定。他們能為自己設定更好的目標、找到更好的理由。

設定目標時，知識是關鍵。你就是沒辦法去追求某些「你不知道的事」。所以，「敞開心胸學習」是找到目標的第一個來源。你現在所追求的目標，是基於你過去曾經接觸過的內容。為了制定更好的目標、擘畫更好的未來，你需要盡可能學習更多新事物、勇於挑戰自己的觀點。美國第二十六屆國防部長詹姆斯．馬蒂斯將軍（James Mattis）就說：「如果你沒有讀過幾百本書，你對於行事作為的見識就不夠，也會因為經驗不足而無法成為一個稱職的人。」[4]

讀哪些書呢？我認為只要是你手邊能抓到的東西就去讀。漸漸的，你會愈來愈懂得如何篩選出最棒的書。想打開心胸眼界、了解自己能做些什麼、能有什麼發展，最好的一切方法就是去找出激勵人心的名人，閱讀他們的傳記。去了解人生百態、歷史、哲學、心理學、心靈、經濟學等主題，你就會因此改變。你的觀點會變，你的自我期待會變，你的目標也會變。

而在讀書之外，你也應該追求實際體驗，讓自己有機會看到不同的未來，並允許自己去積極追尋那樣的未來。有時你必須讓自己置身在艱難的處境，才會知道原來自己有能力克服難關。以我為例，這樣的體驗發生在我去宣教與拿到博士，以及在一年內成為五個孩子的爸爸時。我也曾經歷許多失敗，深深感受自身的不足；但透過這些經歷，讓我成為一個全新的我。所以千萬不要逃避那些會形塑你、改變你的經歷。未來的你，一定要比現在的你更強大、更聰明、更有能力。想要做到這點，就必須接觸嚴峻、具有挑戰性的新經歷。

2. 對目標有慾望

如果沒有想要的目標，我們根本不會去追求與努力。根據相關資料顯示，大多數人討厭自己的工作，卻還是有著去上班的理由，可能是基於社會壓力、經濟壓力或其他原因。所以他們盡可能忍耐著自己討厭的種種，只為得到想要的結果。

你會把時間花在從事各種活動，是因為相信最後能帶來某個你想要的東西。但如果一開始你想要的就錯了，怎麼辦？或者換種說法，**如果你想要的其實是其他東西呢？**

如果「有能力負擔開銷」不再是你的目標，一切會有什麼不同？你還會繼續做那份你討厭的工作嗎？

光是因為你想要某樣東西，並不代表你「應該」想要它。目標絕非與生俱來，而是經過後天的引導和推波助瀾，例如，受到社會、媒體和身邊的人所引導，使我們認同這些目標，並且緊抓著不放。但無論如何，你都不該誤以為這些目標就是「真正的」你。是你為這些目標賦予了意義，所以你也隨時可以拿掉那些意義、改寫那些意義。

舉例來說，假設你是個運動迷，從小就愛看各種運動賽事。你可能會以為這就是你天生性格的一部分。

但事實並非如此。

沒錯，愛看運動賽事是你目前性格與自我認同的一部分，但那是因為你的行為形塑性格而成的。你可以選擇不要去形塑它，決定放掉那一塊認同，慢慢的，你就不再對運動賽事感興趣。當然，我只是用運動舉例，或許你完全沒有打算要這麼做，但這真的做得到。你只是需要一個理由，讓你思考自己可以不那麼愛看運動賽事，接著再把這樣的自己帶到未來就行了。

單純因為「你現在想要」，並不代表五年後（甚至明年）你還會想要這件事。如果你回頭看看自己五年前渴望達成的目標，許多目標可能早已消逝。你變了、環境變了，於是你的目標也變了。

你當下的慾望像是賴個床、狂追劇、或是和朋友熬夜瞎混，常常會和更好的結果彼此衝突。一旦知道慾望可以被引導、當下的慾望多是受過去經驗引導而來，就能讓你開始對自己的慾望提出懷疑，開始主動選擇究竟哪些慾望才真正值得擁有，並引導那些慾望變得更真實、更深入。

無論你想要的是什麼，你都可以激發自己去追求它。而決定自己想要的是什麼，同樣能出自於你有心的安排。

如果你希望「未來的你」是個更好的你，比「未來的你」更有自信、有能力、也更感到自由，那麼未來的你自然會和現在的你有著不同的目標、關注重點以及慾望。

目前的你還無法真正掌握未來的你會想要的東西。

目前的你還需要時間的磨練，才能體會你未來的品味。

你必須努力去**學著想要**、學著珍惜你現在還不想要的東西。如果未來的你很成功，你必須學著思考那樣的成功必備條件。如果未來的你很健康，你就必須學著想要變健康。當你試著選出值得追求的目標時，如何引導自己的慾望實在至關重要。

你現在想要的東西有可能並不值得你投入時間。舉例來說，當我知道目前的慾望和方向有可能並不值得我去追尋，那麼我應該先停下來，問自己究竟想要的是什麼。於是我會發現，相較於未來想變成的人，現在的我還欠缺哪些知識、技能、人際關係等等。

性格的重點就在於興趣和優先選項。例如，內向的人通常會**優先選擇**坐在角落；但如果他想要，也可以引導自己、讓自己**優先選擇**待在人群之中，這樣的選擇多半和他的最終目標有關。「外向的人」或許很難自己單獨待在房間裡，但只要他們有個目標，一定同樣可以學會這麼做，讓自己靜下心來獨處。

在你整個人演化成長的時候，會發展出一種使命感，超越你現在的個人優先選項與興趣。這種使命感能夠讓你跳出現在的喜好，最後改變你這個人。

引導慾望的方式就是主動、刻意去追求。正如上一章所說，在持續投入、獲得技能之後，熱情就會隨之而來。不論什麼事，你都可以透過學習來讓自己對它充滿熱情；至於會選擇投入什麼事，也可以來自你的刻意引導。正如拿破崙．希爾（Napoleon Hill）所言：「慾望才是一切成就的起點。不是希望、不是期許，而是一股熱切、激動、超越一切的慾望。」

所以，「對目標有慾望」是目標的第二個來源。你的慾望可以、也必須受到自我的引導。針對未來的自己會想要的成果，選擇能夠帶來這些成果的慾望，你未來的人生將因而變得更加成功。

3. 對自己有信心

如果你根本不相信自己做得到，就不可能想到或去深入思考某個目標。從剛才寫下的過去二十四小時活動清單中，就能反映出你目前的自信程度。看看清單，裡面有多少活動需要你付出勇氣？有多少活動是你輕輕鬆鬆就能完成？其中又有多少時間是用來讓你達成超越目前能力的目標？

你的工作和收入等級，取決於你有多少信心。

你能交到的朋友，取決於你有多少信心。

你的穿著打扮，取決於你有多少信心。

信心是想像力的**基礎**。信心所反映的是你相信自己能做些什麼、學些什麼、又能成就什麼。你必須抱持信心才能超越現有能力及情境，去預見並選擇一個更好的未來。

你的信心愈強，未來的你也就愈強。

我們真正的挑戰在於信心很容易被打破。人心脆弱而不穩定，如果遇上創傷經驗，就可能破壞你的信心與想像力。人人都有過這種經驗：過去的痛苦經歷有如身邊揮之不去的荊棘，麻痺我們繼續向前的渴求、希望與能力。

在下一章，我會用一整章來談創傷及其對性格的影響。但目前你只需要知道，創傷會毀了你的信心。常常有人就是因為創傷未能癒合，讓他們只會訂出短淺的目標。令人難過的是，在這種時候，往往目標都變成是要逃避那些痛苦的情緒。

信心的建立，是透過種種勇敢的行為。

人必須有勇氣面對過去、讓自己赤裸裸曝露於其中，直到不再感到痛苦，才能夠改變過去。人必須有勇氣，才能承認自己這輩子真正想得到的是什麼。人必須有勇氣，才能迎向那些充滿挑戰的目標，不畏懼一次又一次的失敗。

有天我從辦公室開車回家時，看到有個嚴重肥胖的男子光著上身、穿著運動短褲在跑步。在佛羅里達的陽光下，汗水在他渾身鬆軟的肥肉上閃閃發光。

這個人讓我大受啟發。對於未來的自己，這個人無所畏懼，將一切攤在眾人眼前。他一點都不在意我或任何人對他那些啪答啪答的肥肉或肥胖紋有何想法。他將目光專心的放在前方的步伐，就這樣揮灑著汗水，專注改變著自己的身分認同。

一定是在某個時間點上，這位跑步的男人意識到有某種更好的生活方式。他發現如果改變自己的行為及選擇，能帶來多麼重大的價值。他彷彿見到一個更健康的自己，於是開始質疑自己當前的慾望。他決定做什麼行為、又能堅持多久，都要看他為自己設定什麼目標、又能把目標訂得多明確。如果目標清楚而激動人心，他就會跑得更久更遠，也能更快剷掉身上的脂肪。如果目標不夠清楚、也不夠激動人心，他就只會跑得斷斷續續、難以為繼，減重結果也只是馬馬虎虎。

但不論如何，至少在當下那一刻，那個人的行事作為是出自於他想成為的那個「未來的他」。他為自己看到一個不同的未來，讓自己有了出門跑步的理由。如果繼續推動這個目標、繼續引導這樣的身分認同，他就可以、也必然會成為那樣的人。

信心的建立是透過種種勇敢的行為，加上專心的投入。

在他明目張膽露出肥肚跑在路上時，他的信心必然是直衝天際。這種無畏的行為，能夠增強人的潛意識。

站在那個「未來的你」的觀點勇敢採取行動，就能讓你獲得情感無比激動的高峰經驗（peak experience）。強化你的潛意識，為你看待自己與世界的方式設下新的基準點，也為你的期許設下新的基準點。高峰經驗並不會隨隨便便就產生，而需要你確實以此為目標[5]。正如著作等身的作家暨哲學家柯林．威爾遜（Colin Wilson）所說：

> 如果想得到正面的反應（或是高峰經驗），最可能成功的方式就是將自己放進一個主動、積極的心態框架。……負面被動的心態自然會造成憂鬱。能得到高峰經驗，是因為你確實以此為目標。

如果你能想清楚、勇敢去追求有意義的目標，就能得到高峰經驗。這些高峰經驗能讓你打開心胸，成為更靈活有彈性的人，不再固執的覺得自己就是過去那個你，開始變得更有自信，也能夠設定並成就更大的目標。

大多數人很少經歷到高峰經驗，但你可以讓它成為你的日常。只要你願意，就可以讓自己今天就得到一個高峰經驗。你必須知道自己要什麼、必須充滿勇氣、必須讓人生朝著你真心想要的方向前進！

那位跑者每向他的未來自我邁出下一步，就會讓他更相信那個未來是一個事實。就算一開始他的行為還只能斷斷續續、難以持續，但他的行為就是能反映著這樣的事實。隨著時間過去，只要他的行為能繼續以那個未來為依歸，他就會更想要得到那個未來，也讓自我認同得到鞏固。終有一天，那個未來的自我會變成他當下的自我，方方面面殊無二致。

他所認同的將不再是過去的那個自己。甚至對於過去的自己有什麼感覺，他也不再記得。因為過去對他而言只剩下資訊的意義，而不再有情感的羈絆。

一個人會設定怎樣的目標，關鍵在於信心。你愈有信心，就會設定愈遠大的目標。而信心值得你悉心保護。你也必須想清楚自己該追尋哪些有意義的目標，才能讓你得到信心。從已然遠去的過去，你只能得到短暫而有限的信心。有更大一部分的信心是來自你最近的樣貌。

那麼該如何幫助自己建立信心？你可以持續採取一些微小而堅定的行動，反映出未來的自己；也可以透過大膽而無畏的「強力行動」（power move），朝著未來的自我邁進。這裡所謂的「強力行動」，指的是用衝勁滿滿的行為快速逼近未來的自己，有可能是提出辭呈、找一位人生導師、在大庭廣眾下跑步、來一場毫無保留的對談、即使害怕也要發表某篇部落格文章，或者向老闆要求加薪。

你做出愈多強力行動，就能擁有愈多高峰經驗。擁有愈多高峰經驗，你將變得愈有彈性、愈有信心。你變得愈有彈性、愈有信心，所創造和追求的未來也就會愈有想像力、愈令人興奮不已。

想像未來你想成為的自己

想像力比知識更重要。知識會被局限於目前我們所知曉與理解的範圍，但想像力卻包含整個世界，以及未來我們將知曉與理解的一切[6]。

——愛因斯坦（Albert Einstein）

一般來說，我們對生活事件、環境和習慣的反應，會形成我們的自我認同與性格。很少有人是依據「自己要成為的人」刻意定義與形塑自己的自我認同，最後終於成為**那個人**。我之所以會說「那個人」，是因為現在的你與未來的你就是兩個截然不同的人。

未來的你並不是現在的這個你。比起現在的你，未來的你會有不同的做事方式（也希望是更好的做事方式），應該是現在的你的進化版本。雖然我們一般會覺得人應該要始終如一，甚至文化上也覺得這才是好事，但這就代表著你並未學習、進步和改變，只是沉溺在過去的敘事，避免新的體驗，也限制住你的潛力。

如果你希望未來的人生不同以往，還有一個重要的因素，那就是應該要讓你覺得未來的你是個不同的人。因為如果你無法想像出自己另一個完全不同的樣子，你根本就不可能進行**刻意練習**[7]。我們稱之為「刻意」，其來有自。這指的是你手上有個目標，而且你的練習是完全針對這個目標而安排。這樣的練習帶有目的、經過慎重考量，絕不只是隨興為之，或只是因為「喜歡這種過程」。

你需要有個目標，更理想的是能找到某位**榜樣**，讓你知道該往哪裡前進。你需要有個願景，讓你知道自己的練習有何意義與目的。沒錯，單純做一些自己喜歡的事也很好，但如果不能在想像未來時就突破這些限制，就很難真正打破自己感受到的限制。

成功者的第一步，就是為未來的自己設下願景，並以此篩選目前的所作所為。讓我們以演員馬修麥康納（Matthew McConaughey）為例，在他的奧斯卡最佳男主角得獎感言裡，他說到自己的「偶像」：

在我十五歲的時候，有個在我生命中很重要的人問我：「你的偶像是誰？」我說：

「你知道嗎？就是十年後的我。」接著我到了二十五歲，已經時隔十年，那個人又來問我：「嘿，所以你是個偶像了嗎？」我說：「還差得遠了！不行不行，完全不行。」她問：「為什麼？」我說：「因為我現在的偶像是三十五歲的我。」

所以，不論在人生中的哪一年、哪一月、哪一週、哪一天，我的偶像永遠是十年後的我。我永遠不會真的成為自己的偶像，這件事永遠不會實現。我很清楚這件事，但我覺得這樣再好不過，因為這樣一來，我就有個需要不斷追逐的目標[8]。

總有一天，你會成為那個未來的你。但問題是：

那個未來的你會是什麼樣子？

要回答這個問題的時候，你該依據的是你最美好的理想，而不是目前的狀況或自我認同。你的過去一點都不重要，重要的是：你想變成怎樣的你？那才是真正、真實的你（就目前暫時而言）。

要設計未來的自己，需要你想像到時候的現實和日常體驗會是什麼樣子，而且愈生動鮮活、細節愈豐富愈好。想一想，未來的你會擁有怎樣的自由、選項、環境、體驗，以及日常行為？

在你成為自己人生的建築師之後，就比較不會沉溺在你對於當下自我的看法。當然，現在的這個你也很重要，不過那往往是個受到重重限制之下的你。未來的你會有所不同。他會有不同的觀點、不同的自由、不同的人際關係、日常活動與體驗。現在讓你覺得大開眼界、興奮激動的事，對於未來的你來說可能就是個「日常生活」。

請對自己完全誠實，說說看，你想變成怎樣的人？在這個時間點上，或許你可以拿出筆記，盡可能巨細靡遺的寫下未來的你會是什麼樣子。

未來的你一天的日常會是什麼樣子？

你是誰？會賺多少錢？會穿哪一類的衣服？

你會怎麼和其他人互動？

你對於自己的現在與未來會有什麼想法？

你到時候的目標和使命會是什麼？

你會住在哪裡？你的朋友會是哪些人？你會擁有哪些技術與能力？

選定一個主要的目標：打造「未來自我篩選器」

想知道什麼才是自己的使命所在，該做的就是檢視手上所有的目標，然後自問：為了要達成人生想要的一切，我需要變成怎樣的人？這些目標中，哪一個能讓我變成那個人？這個問題的答案就是你的使命[9]。

——海爾・埃爾羅德（Hal Elrod）

好好思考未來的你會是什麼樣子、處於怎樣的環境、擁有怎樣的可能之後，下一步就是想一想，要透過哪個目標才能成為未來的你。

只能挑一個目標，不能更多。

訂出太多目標，代表你認為不用那麼專注，也反映出你的心理恐懼，以及缺乏決策能力。你需要的是一個**主要目標**。這個目標必須能夠測量、能夠定義、能夠視覺化。這個主要目標必須顯然能對你生活中的所有關鍵領域有所幫助。

正因如此，「以收入為目標」的力量才會那麼強大。如果你是作家，目標可以是「要達到多少點閱率」、或是「有多少訂閱者」。如果你是顧問，目標可以是「有多少位高報酬客戶」。如果你是個跑者，目標則可能是「全馬的完賽時間」。

只訂出一個目標，就會讓你有專注的焦點。有專注的焦點，就能創造出動力。

這些動力和信心會滲透到生活中的所有面向。查爾斯・杜希格（Charles Duhigg）在《為什麼我們這樣生活，那樣工作？》（*The Power of Habit*）認為，只要你建立起某些生活習慣，就能帶動其他習慣跟著改變。他稱這種習慣為「核心習慣」（keystone habit）。我們可以將想要建立的主要目標想成是你的「核心目標」。有了目標，並且積極去追求、主動去實現，對於完成你想做的**任何事情**都會有幫助。

以諾曼為例，他的目標就是要進哈佛。對他來說，這個成果能讓他獲得成功，永遠別再回到牢裡。要是諾曼當時訂出五個、甚至更多要完成的目標，他很有可能根本離不開監獄。靠著這個唯一的目標，就讓其他小目標或想做的事都有了意義與方向。

諾曼訂出唯一的目標，決定他要如何打造未來的自己。這點之所以如此重要，是因為近來實在出現太多關於「如何成功」的爛建議。很多人建議把重點完全放在「步驟」，而根本忽略結果。但如果心裡沒有目標，就不可能訂出什麼「步驟」，更不用談這套步驟到底有沒有效了。此外，如果過程之中不去定期評估目前的進度與成效，就無法判斷這套步驟有沒有用。

想判斷步驟的優劣，就必須用想達到的目標當作衡量標準。一開始，就必須先考慮到結果。要是沒有結果做為考量，「步驟」本身沒有任何意義。這種以步驟優先的思維只是一時的**戰術**，是讓你的生活沒有計劃的向前，試圖複製其他人的成功。

相對的，以最終成就為考量的思維則是長期的**戰略**，是一種反向的做法，是根據你想要的結果來進行反向工程、找出必要的步驟。因此，要是一套步驟沒有衡量的標準，就根本稱不上是一套步驟。我們該從所期待的結果，反推該用怎樣的步驟來達成。而在這一路上，也要不斷依據成效而調整步驟。

億萬富翁彼得・提爾（Peter Thiel）在《從0到1》（*Zero to One*）也解釋為什麼這種「步驟」思維只會讓人平庸。在他看來，我們應該有的是一種「明確的」態度和目的。他表示：

> 當今世界運作最失常的那些事，都是因為對未來的態度不明確。流程步驟的重要性高過實質內容：沒有具體能達成目標的計劃時，就用形式規則組合出各式各樣的選項。這正

是今日美國的寫照。在國中，我們被鼓勵累積各種「課外活動」。在高中，比較有抱負的學生甚至會競爭得更激烈，希望讓自己看來無所不能。等到他們上了大學，已經花了十年累積出的履歷豐富到叫人眼花撩亂，但完全不知道是為了追求哪一種未來。總之他是準備好了，但就是沒有明確的目標[10]。

根據期望理論（expectancy theory，關於動機研究最深入、最核心的一種理論），想讓自己有很高的動機，需要三項條件[11]：

- 明確且對你具有吸引力的目標或結果。
- 你相信能實現那個目標的路徑或步驟。
- 相信自己能夠完成並成功的信念。

沒有目標，就不會有動機[12]。研究也顯示，沒有目標，也不會有「希望」。目標愈清楚、愈可以定義，路徑和步驟也會愈清晰。隨著你的技能與知識有所發展、向目標邁進，你就能培養出相信自己能夠完成並成功的信心。你會愈來愈希望達到那個目標。最後總有一天你會成功，你的一生也會有所不同。接著你就有了新的起點，能夠再設定全新、更進一步的目標。

全心投入主要目標：為什麼成果如此重要

「投入」指的是那些「真實的事」。想知道你究竟對什麼事情投入，要看的是你最後得到的實際成果，而不是空口白話的承諾。人人都有自己投入的事，人人都會產出成果。而成果就是你投入的證明[13]。

——吉姆・戴斯默（Jim Dethmer）、戴安娜・查普曼（Diana Chapman）、凱莉・克萊普（Kaley Klemp）

看看你現在的生活。不論你看到什麼，這就是你的投入所帶來的成果。不論你現在體重多少，這就是因為你的投入所得到的體重。不論你現在賺了多少，這就是因為你的投入所賺到的錢。你在人生中的投入，會一〇〇%呈現在你現在得到的成果上。如果你投入在其他事情上，就會得到其他不同的結果。

如果你能真正投入在你想要的結果，人生就會開始改善。你真正該投入的目標，就是成為未來的你那唯一的主要目標。不論你要做什麼事，都該用那個主要目標加以篩選過濾。

英國划船隊從一九一二年以來再也沒得過奧運金牌，但他們開始認真思考，要為二〇〇〇年的雪梨奧運做準備。他們唯一關心在一個問題上，而且他們不論做什麼事，都會先問自己這個問題：**這會讓船的速度更快嗎？**用這一個問題，就讓他們得以評估所有的情況、決定與阻礙，而且絕不會偏離目標。

面對所有的決策或機會，每位隊員都自問：這會讓船的速度更快嗎？只要答案是否定的，他們就不會這麼做：

要不要吃這個甜甜圈？……（這會讓船的速度更快嗎？）

要不要熬夜去派對？……（這會讓船的速度更快嗎？）

他們就是這樣全心投入。因為他們全心投入，也就得到他們想要的結果。那一年，英國隊奪下金牌。

路易斯・霍斯（Lewis Howes）曾在一則Podcast[14]詢問約翰・亞薩拉夫（John Assaraf）設定目標的方法，亞薩拉夫談到第一位人生導師給他的啟發。亞薩拉夫先是設定在一年、三年、五年、二十五年之後，在人生的幾個方面（像是健康、精神、財務、人際關係、服務等等）要達成怎樣的目標，那位導師問他：「對於達成這些目標，你只是有興趣，還是全心投入？」亞薩拉夫的反應是：「那有什麼不同？」導師回答：「如果你只是有興趣，就會想出各種故事、藉口、理由和條件，解釋自己為什麼做不到和不想做。如果你是全心投入，以上那些都不會發生，不論發生什麼，你都會克服。」

你對什麼事情全心投入，就會得到相應的結果。但我們被文化洗腦，說不該投入追求某種**特定的**結果。總有人說，如果我們太投入追求某件事，最後一定會失敗、失望。總有人說我們不該著重「結果」，而應該只專注於「過程」。說要投入追求特定的結果似乎是件太嚇人的事，又或是太著重於外部性。

然而投入追求特定的結果其實有不少好處。舉例來說，真正投入追求某件事的時候，不論是對自己或他人，你都得完全坦誠自己真正想要什麼。這麼誠實很難能可貴。大多數人只會把自己真正的慾望深藏心裡，不敢完全承認自己這輩子到底最想要什麼。但在你全心投入追求某個結果時，那個結果就能成為新的敘事，成為你要做的事。

你或許還不知道一切要如何發展，但你終將抵達。你對自己的誠實與透明不但罕見，也很具有感染力，在你開始行動之後就能為你喚起信心，也能喚起他人為你提供支持與協助的慾望。

另一個該投入追求特定結果的原因，則是這能讓你的自我認同更為明確。你的自我認同來自你的目標。如果能完全相信、清楚自己心裡的目標，就會讓你有著深深的使命感。你可以想像未來的自己，在你想要的位置上你會呈現出怎樣的模樣。而如果沒有一個明確想達到的結果，你的自我認同就會一片模糊。你到底是誰？你真正的重心是什麼？你要做什麼事？你要成為怎樣的人？

投入追求某個特定的結果（你那唯一的主要目標），也會逼得你必須愈來愈進步。像是我剛開始在網上寫部落格的時候，我發現其他把重點放在步驟過程上的作者會不斷寫出一篇又一篇的文章，但專業程度卻不會變得愈來愈好。過了這麼多年，我成了一名專業作家，而許多部落格作者還是繼續大量的寫著，一篇又一篇，但他們得到的結果並沒有改變，原因就在於他們並沒有投入想取得某個明確的結果。

如果你真正投入想追求某個特定的結果，你就會被逼著要變得更好。從你得到的結果就能說明一切。如果你得到的結果並沒有愈來愈好，你就該問問自己，到底對這件事多有興趣、或者有多投入。等到你開始追蹤自己做的所有事、一點小細節也不放過，你就知道自己是真心想讓結果有所改善。正如皮爾遜法則（Pearson's Law）所言：「開始測量績效，績效就會提高。開始測量並檢討績效時，改進的速度就會增加。」

投入追求特定的結果也能增強你的動機。

根據期望理論，沒有目標，就不會有動機。目標愈單一、愈專注，路徑也就愈直接。路徑愈直接、愈清楚，你的動機也就愈強。複雜性會殺死動機，所以如果你能夠只專注在一個核心目標上，就能讓全局為之不同。只訂出唯一的目標，就能讓路徑簡化，讓你不但看到結果，還能看到通往結果的道路。這樣一來，無論是動機和信心都會大幅飆升。

最後，投入追求特定的目標，也能增強你的信念。拿破崙．希爾就說：「有著絕對信念支持的明確目標，就是一種智慧；而智慧搭配行動，就能帶來積極正面的結果。」說「我會試試看」或「我們再看看會怎樣」，並不需要你有多少信念。但要說「這會成真，我還不確定該怎麼做，但一定會做到」，就需要有堅強的信念了。這樣的投入承諾程度，會逼著你獻出完全的真心，引導你去做那些你本來絕不會做的事。然後，奇蹟就會發生。

你是否願意全心投入追求那個未來的你？
你是否願意全心投入追求那唯一的目標？
你是否願意把一切都坦誠不諱的說出來？
你是否願意誠實說出自己真正想要的結果？
你是否願意不斷修正改進的過程步驟，以確保讓結果愈來愈好？

提前一小時上床，根除破壞性消耗

錯誤出現不只一次，就不再是錯誤，而是決定。

——保羅．科爾賀（Paulo Coelho）

想要投入追求更美好的未來，你就不得不改進自己運用清晨和夜間的方法。一天的結束該用來放鬆和反思，而不是做些不健康的消耗。當一天即將畫下句點時，你已經在這一整天做出許多決定，精神十分疲累，意志力也幾乎消耗殆盡[15]。而在我們意志力低落時，經常會做出許多大量且不健康的消耗行為，主要是為了快速刺激以產生多巴胺。

對很多人來說，夜間常常就是在社群媒體、糖類、碳水化合物和其他的娛樂消遣中放縱。特別是在意志力低落的時候，我們很容易做出錯誤的選擇。這些選擇能讓你得到一時的多巴胺，但卻得付出高昂的代價。在夜間從事各種浪費又不健康的行為，還會對睡眠造成負面影響，於是第二天一早起床時你就會感覺事情不順，也讓你失去信心。

和心愛的人看看電影、共度美好時光，絕對和一頭栽進手機而忽略家人不一樣。

如果你決心成為未來那個理想中的你，就必須躲開那些因為夜間意志力低落而產生的陷阱。否則你白天雖然前進了一步，晚上卻又倒退了一步，就會拖慢你的進展。

想成為那個未來的你，清晨和夜間是致勝關鍵。

想要避免在晚上從事虛擲光陰的消遣、有害無益的行為，一帖良方就是早點上床睡覺。晚上這幾個小時很少能有什麼了不起的成果。一般來說，只要過了晚上八、九點（大約前後一小時），工作效率就會愈來愈差。除非是安排去和親朋好友拉近距離，否則不如早點去睡。想要比現在更快變成那個未來的你，最迅速的一種方法就是比現在早一小時上床。這不僅能讓你避免虛耗時間和體力，讓你得到更多休息，還能讓你更早起，在一天開始忙碌之前就想好當日的目標。

由於所處文化的習慣，許多人上床的時間都比應該入睡的時間更晚。如果你現在的上床時間比十點晚，對於成為未來的你大概不會有什麼幫助。雖然有人可能會認為你比別人「早睡這麼多」根本就是個怪胎。但別擔心，這種情況不會太久，慢慢的，你得到的結果會證明一切。你休息的質和量都會有所提升，你能更早起，也能因為避免虛耗時間和體力而更加充滿信心。

以馬克・華伯格（Mark Wahlberg）為例，他每晚七點上床，於是能在凌晨三點起床，把自己的身體訓練到頂尖水準，完成他的工作。他很清楚自己的目標，也把那個「未來的他」設定得比一般人都偉大得多，所以他願意投入這種多數人看來會覺得極端或異常的做法、日常及行程。

今天就提前一小時上床吧。別在自己意志力與決策能力都最低的夜間工作。讓自己準備好，在第二天的清晨迎接今天的挑戰。

奮勇向前，邁向未來的自己

早上浪費一小時，就得花一整天把它找回來。

——理查．懷特利（Richard Whately）

每天早起，開始追尋那個未來的你。

如果你真的做到能早點起床，那麼下一步是開始祭出各種強力行動，讓自己朝夢想邁進，這會讓你建立信心、累積能量，並能夠持續一整天的活力。你能做出更好的決定，也能與周遭的人相處更融洽。於是，一樣是一天二十四小時，卻能過得比以前更好。

每天過得更好，生活自然也就更好。如果你總是睡到不得不起床，當然也只能趕著去做那些「急事」，人生就很難有任何重大的進展。你只會一直維持現狀，感覺時間飛逝。

一天又一天、一週又一週、一年又一年就這樣過去，而你卻不會有任何有意義的進步。

如果你想成就心中唯一的主要目標、變成你想成為的你，就必須鼓起勇氣，每天都朝著你的目標勇敢大步前進。

光是朝向目標、大膽邁出步伐，就可以說是一個「強力舉措」。強力舉措能夠提升潛意識，不斷重新定義你所認定的「正常」行為。只要有意識的在清晨從事目標導向的行為，就能讓你得到更多高峰經驗。你的大腦會開始變化，變得更有信心，變得更靈活、有彈性，讓你放下過去的自己、成為未來那個理想的你。

這需要你能刻意、積極投入行動。每天有意識的上床休息、甦醒過來、然後繼續朝著未來的自己大步邁進，高峰經驗就會開始成為你的日常。每天你都能大量學習，而學習又會帶來改變。正如英國哲學家艾倫・狄波頓（Alain de Botton）所言：「想起十二個月前的自己而不感到羞愧者，肯定沒有足夠的學習。」

提出「自我實現」概念的心理學家亞伯拉罕・馬斯洛（Abraham Maslow）認為，擁有這些類型的進一步體驗（馬斯洛稱為「高峰經驗」），正是達到自我實現的方法[16]。事實上，想到達自我實現的等級，這樣的體驗不可或缺。

所謂的自我實現，是指不再受到內外的限制與束縛，可以自由發揮自己最大的潛力、追求自己最想要的目標。馬斯洛對高峰經驗下的定義是：「一種罕見的體驗，讓人感到遼闊且深層的感動、經歷前所未有的振奮情緒，從而產生高層次的感知，甚至對當事人造成難以想像的神奇影響。」[17]

高峰經驗之所以少見，是因為很少有人會主動、刻意去創造一個未來的自己，很少有人會致力投入追求某個特定的未來，也很少有人會勇敢地每天都投入強力舉措。

我要向你提出的問題是：

你會不會去創造更多高峰經驗？

隨著時間流逝，你會不會變得更主動、更有意推動這一切？

你會不會發揮更多勇氣、投入更多承諾？

你會不會為了未來的自己而採取行動，變得更加靈活有彈性，不再堅持「過去的自己」就是「真正的你」？

為了讓自己變得更靈活、有彈性、擁有更多高峰經驗，你必須擁抱生活中的不確定性。哈佛心理學家艾倫・蘭格（Ellen Langer）就解釋：「只要真的有得選，就一定會有不確定性。只有在沒有選擇的時候，才會沒有不確定性。」[18]如果你總是想逃避所有的不確定，其實是讓自己大大受限，本來你可以有更好的發展。也因為任何選擇都帶有風險與不確定性，這樣就會讓選項大幅受限。

不確定性確實不好應付。哥倫比亞大學祖克曼研究所（Zuckerman Institute）的神經科學家達芙娜・蕭哈米（Daphna Shohamy）認為，人腦的一個主要目的，就是要**預測**自身行為所帶來的後果[19]。

那可是大腦最重要的用途。我們的記憶能力就是為了這個：以便準確預測未來。正是這種預測未來、事前準備的能力，才讓人類這個物種繁榮興盛了千千萬萬年。

但這對個人來說又代表了什麼？

人腦的設計，就是要讓你**避開不確定的情況**。不確定性就是一種要躲開的東西。所以，如果你來到新的情境、要嘗試過去沒做過的事，常常就會有焦慮或恐懼之類的情緒湧上心頭。有些研究人員認為，所有的恐懼其實都根源於「未知」[20]。戰鬥或逃跑的反應（fight-or-flight response）其實也是大腦發出的化學訊號，代表這時你不知道會發生什麼事，所以最好躲回安全的地方。

你的大腦就是希望生活安全無虞，一切都可以預測。你的大腦會想要阻止你踏進危險的情境。但矛盾的是，也是在你體驗到新事物的時候（特別是你對未來的預測錯誤的時候），才會在大腦裡形成最強烈的記憶、最深刻的學習。

蕭哈米表示，人腦會透過「預測錯誤」（prediction error，也就是猜錯會發生什麼事的時候）來學習[21]。「預測錯誤」其實就是「失敗」的另一個說法。「失敗」又是「學習」的另一個說法。而「學習」則是「改變」的另一個說法。

你學習了多少、改變了多少，未來的你所看到的世界就會和現在的你有多少的不同。如果你想加速學習，就必須擁抱不確定性，你必須冒險、必須犯錯。這麼做的時候，你會感受到更加豐沛的情緒（其中有高峰也有低谷），也是透過這些體驗，讓你這個人有所改變。等到你開始完全投入追求那個未來的你、而不是現在或過去的你，就可以每天都經歷到這樣的高峰經驗。

只要「未來的你」開始成為你每天要追尋的使命，你不再逃避不確定性、不再逃避改變，你的生活就會變得更為新奇、不再重複而一成不變。別虛耗晚上的時光。用清晨創造你的高峰經驗。

用日記說服自己，讓每天都有所不同

我們必須想像出那個未來的自己，才會培養出比現在更好的技能。我們會更有動機、更有計劃的努力練習，而且能真正做到技能的精進[22]。

——湯瑪士·蘇登多夫（Thomas Suddendorf）、梅麗莎·布麗納姆（Melissa Brinums）、卡納·依姆塔（Kana Imuta）

寫日記是個絕佳的策略性溝通工具，讓你能從情感層面說服自己：你所想要的一切絕非遙不可及。

講到寫日記，許多人直覺想到的就是用來記錄過去，但日記的功能可不只有這樣。我們還可以用日記來構想未來、規劃策略，讓自己的目標更為明確與內化。

但要特別注意的是：為了讓日記真正發揮說服自己的功能，下筆前要先做好內在與外在的準備。只要做好這套準備儀式，就能為你整天都維持良好狀態，隨時準備迎接全新的高峰經驗：

- 找一個沒有干擾、能夠自在思考的環境，不會忽然接到什麼通知（不要帶著手機，或是把手機轉到飛航模式）。
- 先做冥想或禱告，再下筆。
- 先回顧一下自己的願景或目標，再下筆。
- 寫下自己對於過去、現在或未來覺得感激的事。

雖然什麼時候都可以寫日記，但最佳的時間是入睡前或剛起床時，因為這時的腦波起伏較慢，最容易影響潛意識。環境會影響我們的思緒與情緒，所以最好特別找一個專門用來寫日記的地方，將願景視覺化、盡情想像未來。

進入這個打算用來盡情發揮創意的環境後，先深呼吸、做一下冥想或禱告。告訴自己：今天一定會很成功；不論要做什麼事都會有很好的成果；你的人生真是太棒了！然後慢慢打開日記。

下筆之前，先回顧自己的目標。目標應該要分成一個主要目標，還有一組比較短期的小目標。這些目標應該要寫在容易查閱的地方。下筆之前先回顧目標，能夠讓你進入那個「未來的你」的心態與情景，於是**下筆的時候，就是根據那個未來的你的身分與觀點**。

我把自己的目標寫在日記的封面內頁，所以每次要寫日記時，只要看看封面內頁就能重新提醒自己。大概每隔一個月，我就會重看整本日記，重新評估並重訂目標。規劃目標的時候，我會思考這些問題：

- 我現在的進展如何？
- 在過去九十天裡，我做對了哪些事？
- 接下來九十天裡，我又想做好哪些事？
- 我希望自己三年後有什麼成果？
- 我希望自己一年後有什麼成果？

每次我打開日記，都會先看封面，看看自己對這些問題的答案是什麼。當然，我的答案（甚至是我的目標）每個月都會變動。這完全是件好事，每個人對未來的計劃本來就該隨著時間而有所調整。

看看自己在過去九十天裡做對那些事，能讓我立刻覺得有所成長，也更有動力與自信。看看自己在短期和長期希望達到什麼目標，就能讓我再次想到那個未來的自己。

從選擇正確的環境、冥想、深呼吸，到回顧自己最近的成果與目標，這每一步都會讓你進入正確的心態，於是在下筆時更能處於更高、更能發揮力量的立場。

想讓自己進入正確的心態，還有一個更重要的事：下筆時要抱著感恩的心，要感受到自己已經十分幸運。

許多研究都提過這種「抱著感恩寫日記」的好處。研究顯示，抱著感恩的心，就能夠持續提升心中的幸福感。用感恩的心來寫日記、改變思考框架，能夠扭轉憂鬱、上癮與自殺的想法。目前也發現，感恩有助於修補與改變人際關係。幾乎在各種想像得到的方面，感恩都能帶來好處[23]。

在不久之前，關於感恩的研究多半都還是使用自評的研究方式。但新的研究已經顯示[24]，抱著感恩寫日記不只是會提升情緒上的幸福感，更能改善與各種實際健康風險（如心臟衰竭）相關的生物標記。

處於心臟衰竭前期（Stage B）的心臟病患者，只有很短的時間有機會逆轉危急的病情，避免惡化成致命的心臟衰竭。而在一個研究中，醫生決定讓患者馬上開始嘗試「抱著感恩寫日記」。他們將患者隨機分配為實驗組與對照組，實驗組進行為期八週「抱著感恩寫日記」的做法，而對照組則是一切照常治療。

經過八週，兩組所有患者都進行檢查評估，內容包括共六題的感恩問卷、安靜心跳率（resting heart rate）變異性，以及發炎標記數值。結果發現，「抱著感恩寫日記」的患者在心臟衰竭與發炎的症狀都有改善。

寫日記時先禱告、冥想、寫下自己感謝的事項，就能立刻改變你的情緒、身體狀態與視角。這樣一來，你就能用感恩、興奮與自信的觀點，寫下過去的經歷與未來的期許。抱著感恩的能量，你就能對自己有著正面的期許，不會讓自己想達到的成果沾染不健康的想法。

抱著歡欣、平靜、幸福的心情寫日記，這種情緒狀態能讓你想出許多可以做的妙點子，但這些點子也需要你拿出勇氣才能真正實現。而正向的情緒狀態能提升你的潛意識，最終創造出那個未來的你、以及所需的情境。

做好準備之後，寫就對了。

寫的時候不用想太多，這只是為了自己而寫，不會有別人看到這本日記。把目標寫下來就對了。可以條列下來，也可以把目標畫成圖象，沒有什麼一定是正確或錯誤的方法。

寫的時候要抱著期許與興奮的心情，知道自己的未來必定會成真、成功。好好思考自己要做些什麼才能讓自己前進。不論是自己現在該做什麼事、該找什麼人，全都寫下來。

做好成功的準備，與未來自我的對話

二〇一九年十二月，路易斯安那州立大學（Louisiana State University，簡稱ＬＳＵ）校隊的四分衛喬．伯羅（Joe Burrow）贏得象徵美國大學美式足球（ＮＣＡＡ）球員個人最高殊榮的海斯曼獎（Heisman Trophy）。有趣的是，伯羅成功的關鍵在於兩年前的一個艱難決定。當時他是俄亥俄州立大學的後補四分衛，如果不做出改變，根本不可能朝自己的夢想邁進。

於是他轉到路易斯安那州立大學。二〇一八賽季，伯羅與路易斯安那州立大學猛虎隊（LSU Tigers）打出十勝三負的成績。伯羅在當季得到傳球距離兩千八百九十四碼、十六次達陣、五次抄截的佳績。大家終於能夠看出他是個優秀的四分衛，但沒人想得到二〇一九賽季發生的事情：在整個賽季中，路易斯安那州立大學完全沒有嘗過敗績，不斷刷新大學美式足球單季紀錄，一舉贏得全國冠軍。而伯羅也打破多項個人紀錄，包括傳球距離五千六百七十一碼、五十五次達陣與六次抄截。

短短一個賽季，伯羅就從一個「還不錯的四分衛」，變成「史上最佳大學四分衛」。等到二〇一九賽季結束，他不僅抱走海斯曼獎，更成為美國美式足球職業聯盟（NFL）二〇二〇年選秀狀元的熱門人選。

完全沒人預見到這種情況，只有一個人除外：伯羅自己。

伯羅贏得海斯曼獎杯後接受ESPN採訪，被問到：「喬，如果我在兩季前告訴你，說你將成為先發球員、打敗阿拉巴馬州立大學，還贏得海斯曼獎，你會怎麼回應？」

伯羅的答案十分勵志，也至為關鍵。他回答道：

我會相信你說的話。我知道自己已經準備好，我覺得自己只是需要一個機會。我熟悉這裡的打法，奧吉倫教練給我一個美好願景。我知道我們在賽季之前投入多少心力。所以我們早就預見會有這樣的成績[25]。

在二〇一七年時，完全沒有任何跡象足以讓伯羅相信自己能達到如此的成就。事實上，這樣的成就實在太美好，他怎樣也不該相信自己能夠達成。然而，他就是相信了。

這正是讓一切得以成真的關鍵所在。

想想你自己，如果未來的你出現在你面前，告訴你所有夢想都將實現，你會相信嗎？你的答案最好是肯定的，因為除非你相信，否則這一切就無法實現。你需要投入全力，讓自己變成那個未來的你、讓未來的一切成真。這份承諾將引導你走上一條瘋狂的道路，需要你做出困難的決定、放膽去做，甚至有時候還得拒絕身邊好心人們的建議。

現在問問自己：如果未來的你就出現在你面前，告訴你未來將是多麼的美好，你會相信嗎？

本章小結

關於性格的真相，就是性格能夠改變、應該改變，而且本來就會改變。你的目標設定決定你的自我認同，你的自我認同決定你的行動。而你的行動會形塑出你現在的樣子、以及未來的樣子。性格的發展，就是這麼一回事。

在接下來幾章中，會把重點放在影響我們性格的核心槓桿，你可以透過操縱這些槓桿，來決定自己要變成怎樣的人。每當你重新想像那個未來的自己、希望達成更具挑戰的目標，都需要借助以下四支「性格槓桿」：

1. **創傷**：創傷可能會讓你永遠困在過去，也可能為你帶來極致的轉變與成長。
2. **身分敘事**：也就是你告訴自己關於你的故事。你可以任憑過去來決定故事的發展，也可以根據自己想要的未來加以重新改寫。
3. **你的潛意識**：潛意識會不斷將你拉回習慣的生活狀態，但你也可以透過情感體驗與對未來自我的願景，不斷提升潛意識。
4. **你的環境**：環境有可能讓你維持現在的樣子，也可能逼你變成一個全新的人。

除非你能有策略的加以操控，否則這四支槓桿會把你打入不斷重複且一成不變的循環之中，讓你感覺自己停滯不前，覺得難以改變、甚至毫無改變的可能。然而，當你了解如何操縱這些槓桿，性格就能瞬間擁有巨大、勢不可擋的轉變。

在以下四章中，我會針對四大性格槓桿逐一詳細介紹，讓你知道如何隨心所欲的有效運用它們，為你與你的人生帶來重大轉變。

給我一個支點和夠長的槓桿，我就能舉起地球。

——阿基米德（Archimedes）

第三章

擺脫心底創傷的羈絆

你肯定會驚訝，
原來過去的痛苦可以這麼快
就消散且改變。

所謂的創傷，就是事件造成的傷害持續影響著你的人生，彷彿未曾改變、也無可改變，所有新的際遇都將沾染上那不堪的過去[1]。

——貝塞爾．范德寇（Bessel van der Kolk）

羅莎莉（Rosalie）是一位慈祥和藹的老奶奶，她已經八十幾歲，但還沒完成寫童書的夢想。癥結並非因為她的生活困苦或識字有困難，也不是因為窮到生活只求溫飽。她之所以一直沒完成夢想，是因為五十年前有人無意間傷了她的心。

我是在一場會議上認識羅莎莉。言談之間，我發現她會塗塗寫寫一些短篇故事和詩歌，一問之下，才知道她其實一直想創作童書。

當我好奇問她為什麼沒有作品時，她卻說自己的畫畫功力不行。

這讓我大吃一驚，問她為什麼會這樣想。於是開始聽她娓娓道來，詳細告訴我五十年前發生了些什麼。

受挫的羅莎莉

一九六〇年代晚期，羅莎莉剛有自己的小家庭，也終於決定去上繪畫課。她從有記憶以來，就一直想出版自己創作及繪製插畫的童書。

一天晚上，課堂上只有她和幾個同學，卻發生一件事把她的創作夢狠狠敲碎。當時她剛練習完今天學到的技法，老師在教室裡走動，檢視每位學生的成品。他在羅莎莉身邊停下腳步，然後搶過她的炭筆開始「修正」她的畫作。

老師大約修改了一分鐘之久，這個舉動讓羅莎莉羞愧得無地自容。當場學生只有她的作品被老師這樣修改，所有同學都轉頭看著她。她難過到難以承受，一時之間天旋地轉，腦中浮現一個念頭：我一定是畫得很爛。

於是羅莎莉再也不畫畫了。

聽她重述這段經歷，我驚嚇到下巴都快掉到地上。她講起五十年前的事，神情卻好像是上週剛發生一樣。

「所以，等等……」我連話都講得結結巴巴的，「你是說，經過這麼多年，你從來沒有試著畫本童書嗎？」

「沒有，」她回答。「我就是沒有畫畫的天分。」

她講得不帶一絲情感。在她看來，這彷彿是個冷酷的事實。事實就是這樣。再也沒有什麼能說服她改變心意。不過在那幾天，我試著多次與她對話：

「如果你有能力畫畫，你就會畫童書了嗎？」我問。

「嗯，這件事會很好玩啊。」她這麼回答。

在這些年裡，想要創作童書的想法時不時浮上羅莎莉的心頭，但幾乎也同時在那些瞬間，她總會想起畫畫課上那場可怕的經歷。過去的痛苦就像隨時都可能引燃的大火，立刻吞噬掉她的夢想，也讓她有各種理由說服自己：「現在」還不是個正確的時機。而最令人難過的一點，是她其實依然懷抱著畫童書的夢想，卻一心認定自己沒有能力。

這就是史帝文．普瑞斯菲爾德（Steven Pressfield）所說的「阻力」（Resistance），是一種無所不在、能夠阻止人們從事創造行為的力量，往往因創傷而起[2]。也正是因為這份阻力，讓羅莎莉每次還沒動手去做、甚至是腦海剛浮現創作的念頭時，就**自己阻止了自己**。

講到「創傷」，我們一般只會想到那些極端的例子，像是創傷後壓力症候群（PTSD）那樣明確的疾病。然而，創傷其實並不只限於那些重大、明顯的事件，而是以各式各樣的形式成為我們生活的一部分。創傷包括各種負面的經驗或事件，會形塑你這個人、影響你活在這個世界上的方式。人人都經歷過創傷，而且很有可能至今依然受到它的影響。

創傷確實會形塑我們的性格，本章會告訴你如何做到這件事。事實上你會發現，雖然我們都想根據自己的理想來打造生活，但很多時候，我們其實是**根據自己的創傷**來打造生活。為了逃避過去的痛苦，我們最後創造出的會是一個「偽性格」，而不是自己真正想要的樣子。

了解創傷如何形塑我們的生活與目標之後，你就能學會如何應對、思考、克服創傷，不再讓過去限制你的未來。

創傷會打碎希望、抹滅未來

珍妮佛·魯芙（Jennifer Ruef）是一位大學教授，從事數學師資培訓已有三十年，她希望讓教師更懂得怎麼教數學，進而幫助學生相信自己確實**有能力**把數學學好。這不是件容易的事，事實上，這正是美國數學教師面臨最大的挑戰：太多學生有「數學創傷」，一碰上數學，腦子就嚇到停止運作[3]。

數學老師確實難為，特別是國、高中的數學老師，他們的學生多半真心相信自己數學不行，只想應付了事。這些學生過去曾對數學有很糟糕的學習經驗，並內化成一套自我敘事：**我的數學不行。我不喜歡數學。**

魯芙發現，數學創傷表現出來的情緒是焦慮或恐懼，以及對於錯誤感到害怕而無能為力。遺憾的是，這份恐懼讓許多人的求學或就業受到限制；並不是他們的數學真的不行，而是創傷引發恐懼，讓他們感到無助、受挫。

有時候，學生可能已經在基本的測驗與作業上表現得很不錯，卻還是擔心日後可能會犯錯、讓師長看到自己的弱點與不足，於是只想逃避更具挑戰性的工作，來避免犯錯、暴露弱點。魯芙把這些人稱為「數學玻璃心」（fragile math identity），好像只要碰上一點點負面經驗，這顆心就會碎裂。他們會一心逃避失敗，而不是積極面對失敗。當他們終有一天會碰上自己的極限、無法迴避的挫折時，就會再次受到創傷。

在魯芙看來，最常造成學生數學創傷的原因包括：被大人說「你的數學不行」、數學考試時寫不完、解數學題時怎樣都解不開。上述幾種狀況特別需要師長或父母的協助，否則學生日後會很容易放棄，面對數學動不動就說：「**我就是不行。**」

對很多人而言，數學已經成為痛苦和失敗的同義詞。所有對數學的想像與樂趣都逐漸消散，與數學相關的各種「未來」也都不再是選項。

這正是「創傷」的特徵，它會讓你的思考不再靈活，變得僵化又固執己見。研究顯示[4]，創傷後壓力症候群患者接受性格測驗時，許多患者的「想像力」項目只能拿到零分。因為若要發揮想像力，需要具有彈性的思考，才能嘗試從各種不同角度探尋全新可能。

受到創傷後，人們往往會開始以「非黑即白」的二元方式進行思考。當你把焦點全都集中在已經發生的事情，就無法注意到事情背後的前因後果，以及是否還有其他改變的可能。所以你可能會說：「**我之所以考試不及格，是因為這科我本來就不行。**」而且你通常會相信這個結論是客觀且符合事實的，絕對不是自己的主觀想法。

這樣的思考模式，正是史丹福大學心理學家卡蘿．杜維克（Carol Dweck）所說的「定型心態」[5]。抱持定型心態的人，認為人的技能和性格是與生俱來、無法改變的「定型」特質，因此相信自己在特定領域註定無法改變、成長或發展。

杜維克認為，定型心態是讓生活「由過去而定義」。而與之相對的，杜維克稱之為「成長心態」（growth mindset），也就是相信我們能夠改變自己的特質與性格。抱持成長心態，就代表你的生活是「由未來而定義」，會把注意力放在那些可以改變的事情上。

以羅莎莉為例，她對自己的定義還限制在幾十年前繪畫課上的負面經驗，也就是說，她對自己抱持定型心態，將注意力全都放在那些自以為是「自然」或「先天」的特質上。

於是她認為自己缺乏藝術的「基因」或「特質」，因此不可能成為優秀的藝術家。

定型心態屬於一種過早的認知承諾[6]。正如許多心理學家所解釋的那樣，這樣的認知結果並不是基於現實證據的支持與證明，並沒有真正思考與評估實際情況，而是完全出自個人情感上的判斷。

人遇上創傷經驗時（就算只是很小的創傷），當下的情緒已經足以引發新的錯誤信念。例如：

- **我真的做不到。**
- **我不配。**
- **我永遠得不到自己想要的生活。**
- **我應該盡可能避免做這類的事。**

以羅莎莉為例，她在心中不斷告訴自己：「**我就是沒有畫畫的天分。**」堅持相信自己畫得很糟，不應該繼續下去。這個信念源自於那次可怕的情緒經驗，但她從未質疑這個信念到底合不合理、符不符合實際情況，就直接把它埋在心裡，多年來絕口不提。

關於創傷與定型心態的研究顯示，兩者都會**放大對失敗的恐懼**[7]。杜維克認為，定型心態帶來的最大恐懼，就是認為即使投入全心全力，最終還是會失敗，那就乾脆接受「自己不行」的事實，轉而去做其他的事。

我們就是不想面對這樣的失敗。這會對我們的自我認同砍下太深的一刀，讓我們覺得自己完全就是個廢物。於是，我們連試也不試，就說服自己去做些風險沒那麼高、感覺比較有把握的事。

正如作家羅伯特．布洛特（Robert Brault）所說：「阻礙我們達成目標的，並非前方的障礙；而是有一條清楚好走的路，通往一個退而求其次的目標。」[8]

換句話說，真正讓我們無法達到夢想的，並不是我們與夢想之間的障礙；而是我們一心相信自己永遠無法達成目標，相信自己「沒有這種天分」的自我認同，於是不肯把心力投入追求真正的夢想，反而去追尋那些退而求其次的目標。

這樣一來，一個次等的「未來的自己」就足以令我們自滿。我們沒有足夠的想像力、信念與自信，召喚並追求一個更強大、更令人興奮的未來的自己。我們對於自己是誰、能做什麼的想法也會趨向僵化。於是，拱手讓過去定義我們的生活，成為每日生活的動力。

正因如此，思考自己與未來的時候，不能讓創傷或情緒低點的狀況影響你，否則就會限制自己與未來的可能選項。最理想的情況是，在自己處於高峰、情緒高點的狀態時，抱著強大的信念與期許，再來做出各種決定與承諾。

一些心理學家可能會說，羅莎莉放棄創作童書的夢想其實是個正確的決定，這樣就不會因為不切實際的目標而失望，她只是做了實際的決定。她沒有成為出色插畫家的能力，所以她最好還是忠於那個「真實」的自己。

依照這樣的思路，我們應該要根據自己與生俱來的性格與才能，決定要追求怎樣的生活與目標。用個比喻來說，如果你是一根方棍子，就別再想插進圓型的洞裡了；就算那些圓洞是你心中嚮往的夢想也一樣。

這也就難怪性格經常成為創傷的副產品。正如研究創傷的專家嘉柏．麥特（Gabor Maté）博士所說：「我們所謂的性格，常常是除了真正的特質之外，還混雜著後天習得的各種因應方式（coping style），非但未能反映我們真正的自己，反而根本是失去了真正的自己。」[9]

請描述自己過去的一個負面或創傷經歷。

想一想，這項經歷怎樣讓你轉而追尋某些「退而求其次的目標」，又或是以任何方式阻礙你的前進？

接下來，讓我們改變對這些負面經歷的詮釋。

請寫下怎樣才能讓這些負面經歷轉為助力，讓你成為更堅強的人。

性格是創傷的副產品

女兒十歲生日派對那天，我的兒子羅根跑來告訴媽媽，有一小塊玻璃卡在他的腳跟裡。蘿倫拿了鑷子要夾，但羅根卻死命抵抗。於是她告訴他，先不夾也沒關係，等到他自己想夾再回來就好。

於是羅根開心的走了，覺得自己躲掉可怕的鑷子，繼續享受派對。只不過，腳跟卡著一塊玻璃，根本沒辦法跑來跑去，而身旁其他小孩都跑得好開心。他連想進游泳池都會怕傷口感染。走路時只能用腳的外側，又拙、又慢、又會痛。

羅根想去玩。

所以他又回來找媽媽了。這次雖然不情願，但還是乖乖的讓媽媽把玻璃夾出來。雖然過程中那二十秒很痛，但羅根之後就能在派對上好好玩了。

這段真實經驗讓我想起麥克・辛格（Michael Singer）的《覺醒的你》（*The Untethered Soul*）[10]，書中提到有位女性一不小心讓一根刺戳進手臂裡，就算只是輕輕碰一下，都會痛到不行。但她不願意經歷把刺拔掉的痛苦，於是決定把刺留著。

她確實避開拔刺過程中的疼痛，但這個決定是有代價的：要這樣過日子，可不能有東西碰到刺。這表示她再也不能上床睡覺，免得自己翻身時碰到那根刺。為此她還設計一項睡覺時的裝置，好讓刺不會被碰到。

她愛參加運動比賽，但又怕活動時會碰到刺、讓自己痛到哎哎叫。於是她又設計一個護墊，把手臂包起來。雖然這個護墊既不舒服、又會影響她的表現，但至少她還是可以參加比賽，也不會讓刺被碰到。

這位女性最後整個生活的各個面向都變了，只為了不要有任何東西碰到那根刺。從工作、娛樂、人際關係，她創造出一整套新的生活模式與環境，讓自己不再受到那根刺的困擾。

真的嗎？

她非但沒有創造出自己真正想要的生活，反而只能不斷退而求其次，只為了躲避疼痛。到頭來，她失去自己想要的性格，發展出一套只是被動應對著一切的性格。

或許你會覺得自己身上並沒有這種「刺」，沒有什麼單一事件令你的生活產生如此極端的改變，但我們每個人的人生其實都帶著各種的刺、扎在肉裡的玻璃碎片。我們的刺在於情緒；就是那些過去和未來令人痛苦的經驗，讓我們避之唯恐不及。

我們想要的那個真正且真實的自我，並不是自己現在這個樣子。真實的自我不該受到限制，反而應該是我們內心最深處的那些渴望、夢想以及目標。

我們總想著要逃避，於是不願面對恐懼、面對真相。

我們總把問題放著不解決，於是無法創造出真正想要的生活。

我們總維持著自己現在的樣子，於是永遠無法變成心中想要的樣子。

我們不是讓自己的性格改變來配合目標，相反的，我們是調整目標，只為了配合自己現在這個充滿限制的性格。

你過去的負面經驗如何形塑了你？你曾在哪些選擇上表現出定型心態？

你的生活中是否被「刺」所影響？那是什麼？

你是否曾為了逃避面對過去的創傷，設定退而求其次的目標？

如果創傷消失了，你的生活會有什麼不同？理想上，你會選擇怎樣的生活？

不論你有怎樣的過去、發生過什麼事，想像一下心中未來理想的你是什麼樣子？

放下創傷向前行

我總是希望自己打得更好、贏得更多。我無法解釋為什麼，只能說我真的熱愛籃球。在我高掛球鞋那天來臨前，這都將是驅策我的動力[11]。

——科比．布萊恩（Kobe Bryant）

心理學有一個名詞叫做「不反應期」（refractory period），指的是在這段期間裡，我們會無法接受不符合當下情緒的資訊，等到過了一段時間，我們才能從情緒當中恢復，繼續前行。有些情緒的恢復會花上幾分鐘或幾小時，像是在路上被超車、和另一半吵架。但也有某些事可能得花上幾個月、幾年、甚至幾十年才能放下。甚至還有些事會永遠留在我們心頭，久久無法離去。

當我們的心理彈性愈高，就算是遇上比較痛苦或困難的事，不反應期也會比較短。想要提升心理彈性，靠的是既要觸碰自己的情緒，但又不能完全被情緒所吞噬；在積極追求有意義目標的過程中，讓自己盡可能輕鬆遊走在理智及情緒之間。

在職籃球場上，一個專業球員面對投籃不進時，是沒有時間生氣或沮喪的。雖然當下會讓人覺得失望或丟臉，但他們必須立刻轉移焦點，先別在乎自己的感受，而要專注當下、致力於協助球隊獲勝。

如果他們只是一直想著沒進的那一球，不僅無法在場上盡情發揮，還會給球隊和自己製造更多問題。一直把情緒執著在已經發生的事情上，就可能因為恐懼或對未來有負面預期，而讓他們不敢自信的投出下一球。這樣一來，球員就會被困在過去，而無法成為未來的自己。

你愈能放下過去的錯誤或痛苦的經歷，就愈能依照當下情境來調整與適應，達成目標所需的表現。過去的事情已經發生，不該影響你接下來要做的事，也不該讓你無法活在當下。你愈有心理彈性，就能愈快放手。愈缺乏心理彈性，就容易把小事卡在心理很長一段時間。

時間都過了五十年，但羅莎莉對那堂繪畫課仍記憶猶新。她對那次經歷的印象絲毫未改，也從沒把這件事放在新的脈絡來思考。既然思考脈絡未曾改變，對於這件經歷的詮釋也就一如往常。於是羅莎莉仍舊認為當初傷了她的那位老師行事粗暴，也依然相信自己沒有藝術潛力。

但如果她的心理更具彈性，願意放下這件事、繼續向前，或許她早就能把自己的故事畫成童書，也可能已經成為出了幾十本書的童書創作者，還擁有許多的兒童讀者。慢慢的，她對過去那項經歷的記憶也會產生變化，也許根本就完全忘了有這件事。甚至，這件事的意義或許根本就不需要留在她的記憶裡，更不用說會用來定義她的自我了。

如果一個人遭遇痛苦的經歷，一直沉溺在情緒的不反應期當中，就會一直用當時的**初始反應**（initial reaction）來看待這項經歷，於是只會日復一日的困在當時的情緒之中，而無法調整、改變自己對那次事件的觀點與感受。創傷成了深深的刻痕。

喬・迪斯本札（Joe Dispenza）就說：

如果讓情緒不反應期持續好幾週或幾個月，就會逐漸發展為一種氣質；如果這樣的氣質又繼續持續好幾年，就會發展成你的性格特質。當你允許情緒發展成性格特質，就等於是讓自己活在過去、活在被困住的地方。因此我們需要學會縮短情緒的不反應期，放過自己，活得更自在[12]。

有同理心的陪伴者：如何化創傷為助力

祕密多深，你就病得多重。

——戒酒無名會

所謂創傷，就是因著某項經歷，讓人感到極度痛苦的情緒。然而，我們並不一定需要讓這項經歷永遠存在心中。雖然任何痛苦的經歷在一開始總會帶來極為負面的情緒，讓人感到無力，但我們可以藉由改變敘事方式、重新詮釋，讓這些經歷最後成為成長的動力。

想讓痛苦的經歷帶來成長的動力、而不是只讓人覺得無力，就不能只把痛苦藏在心裡、成為你的一部分。你不能變成一個「脆弱的自我」，不敢犯錯、不敢再聽別人的意見批評。你需要挺身而出、面對自己的情感，並且願意與他人分享。唯有面對自己的情緒和經歷，才能真正改變它們。

羅莎莉五十多年前受到創傷的那一天，她回家之後沒有告訴任何人。她把情緒都藏到心裡，成為自己的祕密。她從未尋求協助便對這項經歷下了一個輕率的判斷，之後再也沒能試著改變這項經歷的敘事方式。她放棄自己的目標，在心中深深埋下創傷。

著名的創傷學者彼得・列文（Peter Levine）表示：「創傷並不是『發生在我們身上的事』，而是在沒有『有同理心的陪伴者』的時候，我們藏在心裡的那些事。」[13]

羅莎莉沒有遇上有同理心的陪伴者。沒有人聆聽她的創傷、協助她改變想法。

我們本來就很難表達自己的情緒，特別是痛苦的情緒。就像許多人一樣，羅莎莉把痛苦深藏在心裡，追求一個退而求其次的未來。沒有人幫助她，告訴她：「妳可以。」、告訴她：「妳一定能成為妳想要的那個未來的妳。」也沒有教練或導師來協助她，讓她放下僅僅一次的「失敗」或障礙所造成的痛苦，繼續朝向自己的夢想前進。她甚至沒有什麼朋友，可以幫助她重新思考那次畫畫課上的經歷。

或許當她和朋友聚餐時，她的某個朋友會對她說：「會不會那個老師根本沒有想讓妳難過啊？」但她就是從來沒聽到這句話。許多痛苦的經歷都是這樣，被藏在心底、成為不為人知的祕密。還有一種更嚴重的創傷形式：性虐待。研究數據指出[14]，高達九〇%的性虐待受害者未曾舉報。

經歷造成的情緒愈痛苦，我們就愈可能把這一切藏在心裡，內化成自己的一部分。而這樣一來，就會形成一種過度僵化的認知信念，讓自己形成定型心態。一旦過去所造成的情緒未能宣洩，也沒有改變敘事方式，就更可能讓人痛到不敢去想。為了逃避這種痛苦，人們願意終其一生讓自己麻木，既躲避著過去的痛苦，也逃避去追求未來的自我。

這時，如果能出現一位有同理心的陪伴者，就有可能協助羅莎莉改變想法，甚至讓她**直接向那位畫畫老師**表達自己的感受。那會是一件了不起且充滿勇氣的舉動，可能會徹底改變羅莎莉的生命。她或許會發現，老師並不是有意想讓她如此痛苦，她開始對老師有了不同的看法，重新改寫創傷對於自己的意義。她或許甚至會發現，那位老師對她另眼相待，真心希望她能成功。就算事實證明他就是覺得她的能力有限，她也能認同前美國第一夫人愛蓮娜・羅斯福（Eleanor Roosevelt）所言不虛：「如果沒有經過你的同意，沒有人能讓你感到自卑。」[15]

然而這麼長一段時間以來，就是沒有人和她說過這些話。她一直困在最早的初始反應之中。然後花了整整五十年不斷說服自己：「那場經歷就是這樣。」隨之而來的偏見也一再強化這個信念。

但令人興奮的是，在我們相處幾天後，羅莎莉似乎想開了。光是把心中的創傷試著說出來、改變敘事方式、把注意力放在自己想為孩子創作的心，似乎就為她帶來了改變。

經過五十年，羅莎莉終於再次動筆。這只是第一步。想治癒終生的創傷，還需要時間與心力，此刻只不過是出現一個有同理心的陪伴者，就讓羅莎莉得以邁出改變的第一步。

勇氣能讓創傷轉化

羅莎莉努力對抗她的創傷，而我的太太也曾經有自己的創傷需要面對。我們可以把兩者比較一下。

我太太剛上大一時，曾經結過一次婚，對方的目標與抱負都和她完全相同；但她卻不知道他心中滿腔怒意，也有嚴重的成癮問題。

婚後才幾週，他就出現第一次家暴。當時她住的地方離娘家才幾公里，但她卻什麼都沒說。被丈夫毆打讓她嚇壞了，她想告訴家人，但又覺得很擔心，不知道爸媽會怎麼想。搞不好爸媽會因為這件事對她感到失望？又或者，他們會覺得她怎麼連這點事都處理不好？在家暴引發的情緒創傷重擊之下，她腦中就是有這些亂七八糟的想法。

於是她把一切藏在心裡，想讓自己「堅強」一點。

三年後，他們搬到離娘家很遠的地方，而原本的偶爾動手也變成家暴日常，在她的身上、心裡都留下永恆的傷疤。多年後，蘿倫離開了那段關係，開始和我約會。我們決定先去做婚姻諮商，為結婚做準備。諮商期間，諮商師告訴我，我這輩子都得做好準備，得不斷面對蘿倫過去那段婚姻的問題。蘿倫的情緒有可能隨時會爆發，而我必須用同理心和耐心來應對。

蘿倫不相信那位諮商師說的話。她已經下定決心，不讓自己身上貼著「離婚」、「受虐」、「受害者」的標籤。她絕不允許讓過去的自己與創傷來定義未來的她。如果是現在才認識她的人，絕不會相信她有好幾年的時間生活在各種情緒及身體暴力之下，曾經是個只會隱忍恐懼的女性。

她挺身面對，正面迎擊、徹底解決這些問題。她和諮商師與親友家人坦然討論，也用日記和自己對話。她會在一個讓她感到安全、令她感到振奮的環境中，坦然談論自己的創傷，藉此改變她對創傷的記憶。

她把那根刺拔了出來。

原本不忍正視的創傷，為她帶來看得見的成長。

她不再活在家暴的陰影下。

那個未來的她，跳出來掌控全局。

所有的過去與苦痛，此時都成為她的養分，而非創傷。當她回首那段日子，心中充滿感謝與平靜，而沒有怨恨。她選擇原諒過去的自己、過去的丈夫。

後來每當有人問她，該怎樣協助有類似狀況的親友，蘿倫總會提出一樣的答案：傾聽他們的心聲，問一些好的問題，別急著批評，也永遠不要給任何建議。就是這些關鍵原則，能讓你成為有同理心的陪伴者。

無論想癒合怎樣的創傷，我們都需要一位有同理心的陪伴者。正如著名治療師琳恩．葳爾森（Lynn Wilson）所說：「到最後，是兩人真誠的對待與連結，讓一起經歷的一切變得能夠理解、充滿意義。」

葳爾森當然知道。她在一九九一年與二十六歲的客戶瓊安・凱西（Joan Frances Casey）合著《群：多重人格自傳》（*The Flock: The Autobiography of a Multiple Personality*）[16]。凱西受過嚴重的創傷，形成嚴重的多重人格障礙，發展出二十四種不同的人格。她們兩人攜手深入合作，建立起能夠癒合這些創傷的關係，葳爾森是有同理心的陪伴者，而曾經支離破碎的凱西也得以癒合成為一個完整的自我。

在蘿倫確實脫離家暴的那一天之前，她從沒想過自己真的會這樣做。當時，家暴已經變成日常便飯，讓她的心靈封閉起來、不再感受到現實環境。她失去了戰鬥或逃跑的反應；她就只是呆在那裡。但就在那一天，她去親戚家度個小假，碰到她那位有同理心的陪伴者：娜塔莉（Natalie）。

娜塔莉本來不認識蘿倫，但她很快就發現蘿倫的創傷，開始傾聽她的心聲。她問蘿倫的問題，蘿倫想都沒想過。娜塔莉願意把心放在蘿倫身上，也絕不會對她指責批評。蘿倫很快就建立起對娜塔莉的信任，相處幾天過後，娜塔莉某天花了一個晚上把蘿倫的話寫成一篇文章，完全不帶有娜塔莉的想法、觀點或評斷，一切只有蘿倫自己的話，像是一面鏡子，立在她的眼前。

蘿倫讀完以後，徹底震驚。她很清楚自己永遠**不要回去了**。她絕不要再回到丈夫身邊，也不要再做那樣的自己。再也不要。她當場打電話給爸爸，把娜塔莉寫的文字讀給他聽。他立即訂了機票，一起去收拾她的東西。

為自己的創傷找到有同理心的陪伴者永遠不嫌晚。事實上，如果你真心想改變自己的生命，就該找到一群值得信賴的朋友、導師和支持者，讓你能敞開心胸，傾訴痛苦與掙扎。他們可以協助你，讓你提升到下一個階段。否則你總會遇上某些情感體驗，會讓你想把它們深藏在心裡，而讓你的成長遇上阻礙、甚至就此沉淪。

如果無法找到一個有同理心的陪伴者，協助你反思這些經歷、改變敘事方式，原本只是個小土堆般的問題，也可能成為橫亙在眼前的高山。一位真正有同理心的陪伴者能夠鼓勵你做出決定，找出能做的事情，繼續向前。

想在生命中面對真相、繼續前行，始終需要勇氣。

勇氣能夠使創傷轉化。

鼓勵能夠提升勇氣。

能得到別人適時的鼓勵，能幫助你勇敢的為自己挺身而出。

我們都需要在生命中找到一些能鼓勵自己的人。

在鼓勵你的人當中，列出兩三位最重要的人。

他們曾經如何鼓勵你？

為什麼他們的鼓勵對你這麼重要？

聯絡他們，毫無隱瞞的感謝他們曾在你的生命中提供協助。

生命中一些簡單到令人難以置信的小事，卻能對我們造成極其深遠的影響。以我為例，里奇・貝佛瑞吉（Rich Beverage）就是對我很重要的人，他曾在我低落時給我鼓勵。我十九歲時，本來已經放棄宣教這項目標，但曾任教會領導者的貝佛瑞吉向我伸出援手，數次邀請我共進午餐。雖然這只是一件小事，但對我卻有極大的影響。他讓我意識到，不該因為自己過去的錯誤與環境，就阻礙自己對未來的努力。因為他的鼓勵，才讓我勇敢做出那個原本要放棄希望的決定。

在二〇一九年的一次採訪[17]，電視名人凌志慧（Lisa Ling）提到自己的工作多麼需要團隊同心協力。她是美國有線電視新聞網（ＣＮＮ）《與凌志慧漫談人生》（*This Is Life*）

的主持人，常常會訪談一些在痛苦邊緣掙扎的人。像是她曾訪問一個十七歲女孩，在十一歲時就被賣進性剝削產業。這個女孩在訪談中提到，她當時常常打電話報警，哀求他們趕快逮捕她，這樣她才能有個安全的地方可以睡覺。

這只是其中一個例子，凌志慧主持過無數場像這樣真實得令人感傷的對談。每當做完這樣的採訪，凌志慧和她的團隊都會因為這些人生故事的真相過於黑暗，而抱在一起哭成一團。正如凌志慧回憶：

最後我都會難過得受不了，反而是受訪者安慰我；節目結束後，我和團隊都會抱在一起痛哭。我說的可是我和五個大男人，但我們真的需要好好發洩一下，因為這些故事實在太讓人震撼……這個節目對我的情緒造成極大的負擔，還好我有一群一路走來彼此支持的團隊，他們是一群最貼心、最棒的夥伴，要是只有我一個人，我很懷疑自己能否撐過這麼多年。

凌志慧的工作非常重要，也極具影響力，然而同時也為她帶來莫大的情緒壓力。但是她很聰明，知道不能只靠自己應付一切，所幸她有這樣一群有同理心的陪伴者，協助她度過難關。

如果你認真希望人生能有所成長，身邊也需要有一群有同理心的陪伴者。你的工作並不一定會像凌志慧的工作那樣對情緒造成極大壓力，但只要想追求重大的目標、完成重要的工作，一定會在情緒上造成壓力。不要想一個人承擔，你得找到那一群人，在你覺得受到折磨、煎熬、恐懼、心力交瘁時互相擁抱。

想為自己打造一個強大的未來，勢必會在過程中遭遇大量的失敗、心痛、艱辛與磨難。你需要一群有同理心的陪伴者，他們能夠鼓勵你繼續向前，激發你繼續抱持著遠大夢想，在別人都不了解的時候堅持下去。

大衛・奧斯本（David Osborn）是一位相當成功的企業家暨房地產投資者，身價超過一億美元。他說自己的成功大部分要歸功於他擁有一群「當責夥伴」（accountability partner）。他們四個人相識已超過十年，經常透過聚會互相支持，並確認彼此的目標是否都已做到。

他們選擇的聚會地點經常是某個充滿異國風情的地方，而每次聚會做的事，就是把每個人的「一頁摘要」（One Sheet）唸給其他人聽。他們會在這一頁摘要上公開自己生活所有重要的、私密的指標。像是在財務上，就會分享自己的淨資產、收入、最近的慈善捐款金額、被動收入金額多少等等。另外也有關於身體的數字，像是體脂率、肌肉量，以及各項身體健康指標（包括血液檢查）。他們甚至也會提到一些個人生活的指標，像是每個人自評現在的快樂程度、與伴侶的關係。

除了公開分享彼此在人生各項重要領域的數字，這一頁摘要還會列出這些數字和去年相比有何改變，未來一年又希望能達到什麼程度。

要這樣赤裸裸的把一切公開需要勇氣。但奧斯本和他的哥兒們認為，像他們這樣互相監督、要求進步的當責做法，是世界上最強大的力量。他們不僅是彼此的陪伴者、教練、互助夥伴，更會將自己的成功（這四位都有著極罕見的優異成就）歸功於這群互助夥伴。

在你現在的生命中，誰是一個有同理心的陪伴者？
你的生命中還可以或需要再加進哪些人，讓他們成為有同理心的陪伴者？
目前，你還可以請誰加入你的團隊，幫助你達到目標？
你目前有多少目標、又有多少弱點？

你的「團隊」成員應該含括各種不同類型。我還記得自己剛和財務顧問合作時，對於得要這樣赤裸裸交代自己的財務狀況，一開始實在很不習慣，也覺得缺乏安全感。但我的財務顧問藉此幫助我，讓我對金錢有了不同的看法，讓我更看清楚自己的目標，也打造出一套絕佳的系統來實現我的目標。

財務顧問只是我整個「團隊」裡其中一位具有同理心的陪伴者。隨著「未來的我」面貌愈來愈多元，在我的交友圈中也就需要更多有同理心的陪伴者，協助我達到目標。正如領導力專家暨作家羅賓．夏瑪（Robin Sharma）所說：「夢想愈大，團隊就愈重要。」

成為有同理心的陪伴者

除了為自己尋找有同理心的陪伴者，別忘了身邊的人同樣有著一樣的需求，因此你可以、也應該成為一個有同理心的陪伴者。

你一定可以想像，你認識的人幾乎都有些藏在心裡說不出的苦。曾任大學校長的宗教領袖亨利．艾寧（Henry Eyring）就說：「認識某個人的時候，先假設他們正碰上很嚴重的麻煩；你會有超過一半以上的機率都是對的。」[18]

幸好，富有同理心的對話能夠為這些困難帶來轉機。研究顯示[19]，具有同理心的傾聽能帶來互信與理解。只要能夠營造一個安全、鼓勵合作的環境，讓雙方都能聽到彼此的意見，就能創造出一個嶄新的過去與未來。

當我們能以具同理心與關愛的態度來傾聽說話者，說話者會因此更能聽到自己在說什麼，也會更清楚自己的問題。他們會變得更有能力找出解決方案，減輕情緒負擔、減少壓力與困惑，同時因而提升自尊與自我意識。

要成為有同理心的陪伴者，重點是要了解對方、而不是表現自己。想要有充滿同理心的傾聽，就不能急，得要以「愛」為出發點。雖然我們永遠無法真正了解其他人的完整背景，但你必須有**想去了解的心**。如果做得正確，傾聽者的主要動機就在於理解與鼓勵。

我們要讓每個人有充分的時間打開心房、思索自己的想法。至少在一開始的時候，別急著提出什麼解決方案或建議，而是要提出開放性、真摯的問題。等到對方回答了問題，再繼續請對方提出更多資訊和想法，問的問題像是：

「可不可以再幫我多解釋一點？」

「你這樣說是什麼意思呢？」

「為什麼那個部分這麼重要？」

「你真的覺得未來不會更好了嗎？」
「這會帶來什麼正面影響？」
「因為這件事，你的未來會有何不同？」
「你現在可以做什麼讓自己繼續向前？」
「我能幫上什麼忙？」

對方講完話之後，你可以把他們說的話換個說法、或是複述一次，以確保自己沒聽錯，接著再請他們多說一些。你提的問題必須是出於真心，是以深入、和對方站在一起的傾聽為基礎。

在任何關係中，「信任」是最重要的。但是建立信任這件事絕不能急，得等到雙方有了信任，一切就能變得可能。如果雙方的信任崩壞，就算是最簡單的事也只是奢望。

想要化創傷為助力，到頭來就是要**重建信任**。信任，帶來自信、也帶來希望。就像羅莎莉需要先相信自己，才敢去追尋艱難的目標。

沒有信心和希望，就不會有未來，那麼沉溺在過去便顯得安全。創傷會破壞我們的想像力。信任和自信是想像力的基礎，沒有信任與自信，就不可能有所改變。

任何關係都可能會造成創傷。人都會犯錯，而必須要有人道歉、另一方也願意寬恕，才能再向前進。但兩者必須同時發生。任一方對過去的看法都並非客觀，而是由主觀的意義建構。必須由雙方抱持同理心，用愛去理解對方，共同創造過去的記憶。

任何創傷都可以轉化，人的過去也可以改變。就算是此刻的你覺得深陷泥沼、關係正在分崩離析，也不能放棄希望。

至今你是否仍受到過去某一段經驗所影響，讓自己卡在某段關係中？過去的經歷是否讓你造成定型心態，進而影響你現在的人際關係？現在，你可以成為哪三個人有同理心的陪伴者？

本章小結

面對深埋心底的創傷，如果能夠將創傷轉化為助力，就沒有什麼東西能阻擋我們實現夢想；相反的，如果無法成功將創傷加以轉化，那麼人生終將成為創傷的副產品。

人們之所以會深陷在創傷之中，關鍵是他們讓過去的經歷被隔離、內化、甚至避而不提，讓當時強烈的情緒反應（負面的、痛苦的、無能為力的感受），成為儲存記憶時的過濾器。隨著時間的流逝，原本健康的記憶也會受到扭曲，讓過去不斷被重塑、不斷增強創傷所帶來的負面影響。

為了擺脫痛苦的經驗，你不能再迴避過去，你得勇敢面對。你可以每天在日記中寫下自己的想法和情緒，這麼做將幫助你跨出重要的那一步，讓潛藏內心深處的感受轉而浮現在紙上。如果你可以面對自己的情緒和負面經驗，你就能夠改變它們。

除此之外，你還需要一個外在視角，協助你改變對過去經歷的敘事方式。有句話說：「從罐子裡面讀不到標籤」（You can't read the label from inside the jar），如果能找到有同理心的陪伴者，他並不急著給你建議，而是靜靜坐在你身旁、傾聽你的想法，你將更能敞開心胸說出自己的感受，也就更能將種種負面情緒轉化為正向力量。專業諮商師就是一個很理想的同理心陪伴者。

如果你仍然深陷在痛苦的經驗、暫時無法成功轉化，那麼該是時候去找個同理心陪伴者了（希望你有很多人選可以選擇）。為了讓你所有創傷及過去都能成為助力，為了讓你放下當初情緒、擁有更彈性的心理，是時候去找個你信任的人，用最坦率的態度，說出你的故事與經歷。

此外，請向他坦承說出你真正的期望、那個未來的自己。同時，也請坦誠告訴他你因為受到創傷所影響，現在正在追求哪些「退而求其次的目標」。

最後，如果你的生命中有些重要的人需要你的寬恕，又或者應該和你有更深的連結，就去和他好好談一談吧。你肯定會感到驚訝，原來過去那些痛苦竟然可以這麼快就消散及改變。這就像是當你吸到一口新鮮空氣，才發現過去的生活原來如此令人窒息。

第四章

重新改寫你的故事

勾勒自己未來的輪廓，
由你的行為來告訴自己
「你是誰」。

我們的人生故事絕非固定不變，而會不斷重新修改。每當向別人解釋為什麼我們會是現在這個樣子，就會重新編織與詮釋一條又一條的因果線……正因如此，治療師在心理治療初期，必須完全不加批判的聆聽患者的故事。在這些被訴說的故事中傳達的不只是事件本身，更包含著事件對當事人的意義[1]。

——戈登・李文斯頓（Gordon Livingston）

巴茲・艾德林（Buzz Aldrin）是阿波羅十一號任務的登月艙駕駛員。在尼爾・阿姆斯壯（Neil Armstrong）成為史上第一個踏上月球的人、說出「這是我的一小步」這句名言後沒幾秒，艾德林跟著踏上滿布塵土的月球表面。如此輝煌的紀錄，卻差點毀掉艾德林的一生。

太空人返回地球後需要隔離三週，艾德林就是從這段時間開始連日酗酒，時間長達九年；之後，長達二十一年的婚姻關係也迅速惡化而畫下句點，就連原本光榮的軍旅生涯也灰頭土臉的宣告結束。他最慘的時候是在比佛利山莊賣凱迪拉克，整整六個月連一輛車也沒賣出。

一天晚上，艾德林當時的女友把門鎖上，不讓喝得爛醉的他進門。在盛怒之下，艾德林硬是破門闖入，又驚又怕的女友立刻報警。艾德林被銬上手銬。

事情何以至此？像艾德林這樣天資過人的成功者，怎麼會出現如此負面的轉變？

艾德林在二〇〇九年出版的自傳《壯麗的荒涼》（*Magnificent Desolation*）中給了答案：「要從『準備完成一件大事的太空人』變成『講著過去那件大事的太空人』，這個轉變對我而言並不容易……當人們高喊『安可』的時候，我還能做什麼？」[2]

從月球返回地球的過程中，艾德林深深的陷入負面思考與情緒。他望著逐漸靠近的地球，頓然失去想像力。還有什麼事能比他已經完成的成就更重要？他的未來已然結束。他想著：我這輩子已經沒辦法有更高的成就了。人生在三十九歲時抵達巔峰，從此只有下坡。這種想法令艾德林驚懼不已，於是靠著酗酒來麻痺自己。

相較於艾德林的故事，讓我們來看看一名籃球員的故事，故事主角是「字母哥」雅尼斯・安德托昆波（Giannis Antetokounmpo）。

安德托昆波生在希臘，小時候家裡十分貧困，只買得起一雙籃球鞋，於是上半場哥哥先穿，下半場再輪到他穿。

安德托昆波最近和Nike簽下一份重要合約，現在全球有成千上萬個孩子的腳上穿著他的聯名款球鞋。他也得到二〇一八到二〇一九年NBA賽季最有價值球員（MVP）。在一次採訪中，ESPN主播瑞秋・妮可斯（Rachel Nichols）問他拿到MVP有何感想。

他說：「我非常高興，這點我不會否認。但在接下來的人生中，我不想再聽到這件事。這是很大的成就與榮耀，但你知道，這已經是過去的事了。」

「等等，你是說你再也不想聽到『MVP』這個字嗎？」妮可斯十分驚訝。

「也不是，只是我覺得已經聽夠多了。如果我一直在想『我是這個聯盟的MVP』，接下來會發生什麼事？我可能會變得鬆懈，但我不想這樣。這項成就確實令我自豪，但我想去追求下一個目標了。」[3]

定義安德托昆波的是**他接下來要做什麼**，是他對未來的目標，而不是過往的成就或失敗。他不斷追趕著未來的自己，因此能夠一直維持成功。

策略教練公司（Strategic Coach）創辦人蘇利文認為，如果你已經把「地位」看得比「成長」更重要，那麼你將會停止成長。相反的，如果**你把追求成長當成真正的動機**，那麼不僅很可能會得到更高的地位，而且較不會被名聲與地位所迷惑，甚至願意為創造更好的成就而拋棄現有地位。正如蘇利文所說：「永遠要讓你的未來比過去更重要。」[4]

如果你願意誠實面對自己，不難發現驅動自己的力量是源自於渴望得到某個**地位**。一旦你得到那個地位（例如：特定的職稱、收入水準、人際關係等），動機就會從「趨近導向」（approach-oriented）轉變為「逃避導向」（avoid-oriented）。於是你將不再追尋一個更進步、更寬廣的未來自我，只是想著避免失敗以確保住眼前的身分與地位。你將不再勇敢、開始追求安逸，精力與熱情逐漸消散，無法持續鼓舞自己進一步成長。

如果心中看不到那個比「當下的自己」更強大、更優秀的「未來的自己」，就會讓人生開始失去意義。

康朵麗莎·萊斯（Condoleezza Rice）曾任美國第六十六任國務卿，也是美國第一位非裔女國務卿、第二位女國務卿。在她的生涯和職涯當中，始終都去達成一些貌似不可能的成就。她之所以能夠如此成功與創新，原因之一在於她所相信的一套哲學。用她自己的話來說，就是「我堅信，絕不要把時間花在當個『前』ＸＸ。」

這句「絕不要把時間花在當個『前』ＸＸ」，可說是用一句話把這整本書的前提講完了。不管你的頭銜是「前太空人」還是「前毒蟲」，別再當那個過去的你了。過去的創傷或成就，的確對你的性格有重大影響；但無論你是前者或後者，都不該永遠陷在過去，也不該用過去來定義自己。

所謂「真實的你」，應該是那個未來的你、那個你想成為的你。

有很長一段時間，艾德林的「使命」就是登上月球。他以這項使命為核心，建立起自己的認同、選擇與環境。但等他一旦「完成使命」，反而就被他得到的地位所困。就他看來，已經不可能超越那個「過去的自己」，於是就讓「未來的自己」舉手投降。一旦失去想設定的目標，他的生命也跟著陷入混亂。

艾德林曾經憑藉堅定的目標與想像力登上月球，但在此之後，他對於未來自我的想法卻是一片空白。然而安德托昆波則選擇另一條路。他獲選為MVP之後，短短幾週就把情感從這個地位抽離，開始把注意力放在下一個目標上。

這並不表示安德托昆波不知感恩，只是他沒有在情感上過度迷戀某項成就。他對自己的願景始終鎖定在未來、而不是過去。所以當其他人的成長逐漸趨緩，他卻能夠繼續強勢成長。他認真積極的活著，而不只是每天吃飯、喝水和呼吸而已。

在本章接下來的部分，你將了解為何需要重新建構自己的故事，來形塑過去種種經歷的意義。你能學會如何像安德托昆波、馬斯克等人那樣，以你想成為的那個「未來的自己」為目標，將敘事的焦點從過去轉向未來。很少人擁有這樣的技能，而這也是這些人能夠如此成功的原因之一。

掌握這些新技能後，請你務必要**重新建構你的故事**，化過去的阻力為助力。過去的一切是為了成就你、而不是要折磨你。讀完本章後，當你再次告訴別人你是誰時，請跟他說關於「未來的你」的故事，而不是「過去的你」。

所以，你究竟是誰呢？

用故事創造意義

一天清晨，我太太帶小孩出門散步，十一歲的凱勒用嬰兒車推著七個月大的雙胞胎妹妹。他們走在一條鄉間小路上，兩旁有許多灌木和溝渠。

我想在去上班之前和蘿倫聊聊天，所以開車去找他們。我把車靠邊停在蘿倫旁邊，兩人便聊了起來，凱勒則在一旁聽著。

當時我們所在的石子路，兩側稍微往路邊傾斜。聊了大約二十秒，我發現嬰兒車開始滑向旁邊的大溝，於是朝著凱勒大喊：「快把嬰兒車拉住！」

他用盡全力，但還是拉不住，結果和兩個妹妹一起跌進溝裡。佐拉（Zorah）的安全帶沒綁好，摔出嬰兒車並開始大哭。至於菲碧（Phoebe）倒是好好坐在車上。

幸好他們都摔得不重，佐拉沒什麼事，只是嚇一大跳。但凱勒明顯被這件事嚇壞了。

他哭了起來，眼睛直盯著地上，就算我們安慰他一會兒，他還是不肯看我們。我看得出來他已經陷入自己的情緒之中，正建構這次事件的意義。因為當時的情緒是負面的，這樣建構出來的意義也經常會是負面的。

我可不希望凱勒這樣。我希望能幫助他調節情緒，成為一個有心理彈性的人。我希望他對這次經歷能抱持正面而健康的想法，而不是被這次的情緒經驗給吞沒。

「意義」就是在這些帶著豐沛情感的經歷之中塑造出來的。社會心理學家羅伊．鮑邁斯特（Roy Baumeister）認為，「意義」是事件或事物之間關係的心智表徵（mental representation），他解釋道：「是意義把不同的事物連結起來。」[5]

心理學者克里斯托．帕克（Crystal Park）的專長是研究意義與創造意義，他認為人類從經歷創造意義的過程，就是把以下三件事情連結起來[6]：

- 第一，針對該事件或經歷，**找出真正的原因**。（「剛才發生了什麼事？」）
- 第二，**將原因與自己的認同建立連結**。（「從這個經歷中，可以看出我是怎樣的人？」）
- 第三，**將原因及自我認同連結到整體大局**，也就是整個世界如何運作。（「從這個經歷以及我是怎樣的人，可以看出這是個怎樣的世界？」）

「創造意義」會大大影響我們現在是怎樣的人，以及未來會變成怎樣的人。我們的性格，有一大部分取決於我們對過往經歷賦予怎樣的意義。根據的是我們認為各項目標或價值觀有何意義，以及我們有哪些注意的焦點，甚至是根據我們如何看待各種小事，像是幽默、音樂、風格或是興趣。

創造意義是一種本能，但這也存在著黑暗面：要是我們不好好注意自己到底創造什麼意義，就可能會對自己形成不成熟的認知信念。例如：

我是個壞人。

我的性格內向。

我永遠無法實現我的夢想。

我跟別人處不來。

我就是討厭像她這樣的人。

如果在創造意義的時候沒想清楚，就可能導致定型心態。以創傷為例，造成創傷的並不是事件本身，而是你在事件中所汲取與創造的意義。簡單來說，真正造成創傷的是**你對這個事件的詮釋**。

以知名演說家兼心理治療師西恩．史帝文森（Sean Stephenson）為例，這位思想巨人患有先天成骨不全症（osteogenesis imperfecta，俗稱玻璃娃娃），讓他只有大約九十公分高，打從出生就註定一輩子得坐輪椅。但他一生的信念，也是他最後的遺言，卻是：「是這件事情成就了我，而不是折磨著我。」

當時史帝文森摔下輪椅，頭部受到撞擊，承受著極大的痛苦。然而在即將離開人世時，卻說出如此激勵人心的話語。這是他的詮釋，詮釋的不是那項奪去他生命的意外，而是他的一生。即便在一般人的觀念裡，他經歷的一切根本就是一個巨大的創傷。

所謂的「創傷」，其實是你賦予事件或經歷的意義。你創造出來的意義形塑著你對自己、對未來、對整個世界的看法，並推動著你呈現出現在的性格、選擇與目標。

在你改變那些創傷經驗的意義之前，一切都不會改變。

思考一下：你為什麼會用現在這種方式定義自己？

你為什麼是現在這個樣子？

你為什麼喜歡或不喜歡某些東西？

你為什麼要追求現在手上的那些目標？

這一切的答案都根源於你為過去的經歷塑造出哪些意義，以及你因而為自己塑造出怎樣的性格。

我們根據經驗所獲得的意義，再加上我們所收集的資訊，進而形成我們的世界觀。值得注意的是，人們往往是把自己塑造出來的意義與性格，當成觀察世界的濾鏡。史帝芬・柯維就說：「當我們看著世界時，看到的並不是世界，而是自己。」[7]

如果你對自己抱持負面的看法，就可能也會對世界抱持負面的看法。

如果你用正面的角度看待自己，就可能會用正面的角度看待世界。

你在看世界的時候，是透過你的自我認同做為濾鏡。

你眼中會注意到的，只有那些對你來說有意義、有關係的事物。正因如此，當諾曼決定把「上哈佛」當成唯一的目標，就再也看不到周遭有什麼犯罪機會；而當艾德林受困於過去的榮耀，就再也看不到有什麼成長的機會。

你對世界的看法往往反映的是你這個人，而不是真實的世界；你對過去的看法，往往反映的是你這個人，而不是真實的過去。所以在塑造意義時，你該根據的是**你理想中未來的那個自己**。這需要你針對過往的經歷（甚至是痛苦的經歷）**提出有確切目的的詮釋：**

對於現在的經歷，「未來的我」會如何回應？
他會怎麼想？
他會怎麼做？
他會怎樣讓這件事成為自己的助力？
是這件事情成就了我，而不是折磨著我。

凱勒當時情緒激動，他正在建構「自己讓嬰兒車滑進溝裡」這件事的意義。雖然我的兩個女兒沒受什麼傷，這件事卻可能對凱勒造成創傷、帶來長久的傷害。在這個創造意義的過程中，凱勒正經歷以下三個階段：一、定義原因；二、塑造自己的認同；三、透過自己的認同，塑造自己的世界觀。

他可能想到的歸因方式包括：

我沒有一直抓住嬰兒車，才會讓嬰兒車滑走，所以這一切是不是我的錯？
我為什麼沒有一直抓好嬰兒車？
爸爸來找我們，使我們停在那邊，所以是不是爸爸的錯？
爸爸為什麼要害我們分心？
是不是因為我們走的是一條鄉間小路？
媽媽為什麼要帶我們走這條路？我本來只想待在家裡的。

而根據上述的歸因，他可能塑造出來的自我認同包括：

我不喜歡跟爸爸媽媽在一起。
我不是好哥哥。
我不喜歡跟媽媽散步。
我從此以後不要去散步了。

我的兩個妹妹太容易出事，跟她們在一起一點都不好玩。

在想過這件事、也想過他的自我認同之後，凱勒也許會對整個人生產生一套「整體意義」。其中可能包括：

散步很危險。

世界很危險。

人生很可怕。

爸爸老是把事情搞砸。

這整個創造意義的過程，幾乎是一瞬間就在腦子裡完成。而且這些創造出來的意義絕不只是單純的想法而已，還反映出凱勒對這件事的初始情緒反應。如果不懂情緒調節（emotional regulation，這需要花時間長期練習），身旁也沒有具有同理心的陪伴者協助他以正面積極的方式進行思考，那麼最後就很可能會為這次經歷創造出被動、消極的負面意義。

生活就是練習

基本上，人類就是一種創造意義的機器。而我們之所以要創造意義，是為了理解我們的生活。意義的創造無所不在，即便是最微小、最平凡無奇的經歷，我們都會從中創造意義，並影響自己的自我認同與世界觀。看似微不足道的經歷，都可能為我們帶來重要的影響。

有一回我開在長途高速公路上，突然間很想上廁所，可是到下一個交流道，還有五分鐘的車程。在那五分鐘裡，幾個念頭不斷在我腦海裡快速奔馳。

太莫名其妙了。

糟糕透了。

為什麼我會遇上這種倒楣事？

接著我開始注意到自己的想法，開始刻意加以控制。這是心理學家所謂**情緒調節**很重要的技巧。如果你能更有意識的去感受生活，就能夠把像是這樣的片刻看做是一種練習與鍛鍊，成為你真正想成為的人。如果在這些沒什麼風險的片刻，你都無法好好處理，那麼等到面對巨大的風險，就更難以有效應對。

生活就是練習。

遇上某些難以平復的情緒時，可以試著去定義這些經歷有何意義。一般人在調節情緒時往往不是這樣做，他們的思維多半會被情緒所主導、被激動情緒給沖昏了頭。那些一時衝動下未經思考就做出的反應，卻往往會為人們帶來極為深遠的影響。

不論事件對情緒有多大的影響，都不該讓情感主導你的思維，而該讓思維、或說目標，來主導你的情緒。

面對各種大大小小的經歷，情緒調節做得愈好，心理就能愈有彈性。而你的心理愈有彈性，你就愈不會被情緒和經歷所定義。這樣一來，就能以一種目標導向、價值明確的方式前進，雖然仍保有情緒與想法，但更懂得如何加以引導。

情緒調節的第一步，就是在感受到各種情緒時，**發現這些情緒，並且為這些情緒加上標記**（描述得愈清楚愈好）。如果你連這些情緒的存在都不知道，就更別談要如何管理了[8]。

情緒調節的第二步，則是要能夠**區分原發情緒**（primary emotion）和**繼發情緒**（secondary emotion）。

所謂原發情緒，是你對外部事件的初始反應。先別急著做出評斷，這些情緒是我們對周遭事物的自然反應。像是所愛的人過世時感到傷心，卡在車陣時感到無力，都是很自然的初始反應。

至於繼發情緒，則是你「關於感覺的感覺」。舉例來說，你可能因為「覺得受傷」而感到憤怒，也可能因為「覺得焦慮」而感到丟臉。繼發情緒會增強原本反應的強度，也可能讓你產生破壞性行為。因此，想增強心理彈性的一個方法，就是別把自己的初始反應抓得太緊：不要一下子就太過認真或是完全認同，而是先確認有這份情緒、為情緒加上標記，接著再來決定自己要如何詮釋這項經歷、要產生怎樣的感覺。

情緒調節的第三步，則是要**放下負面情緒**。

想放下負面情緒，關鍵在於要先接受並確認自己正感受到負面情緒，而不是假裝沒有這件事。接著再退一步觀察這份情緒，想想看如果這樣衝動行事會有什麼後果。這樣的後果通常並不會符合未來的你的目標與價值觀。

人類之所以會做出愚蠢的決定，經常依據的是當下的衝動，而不是可能帶來的結果。舉例來說，每當壓力大的時候大吃特吃，當下可能十分爽快，但到頭來對身體就會造成負面影響。因此，你該依據的是最後的結果，因為那才會決定你長期的感受，才會創造出你想要的未來自我。

凱勒當時畢竟才十一歲，情緒調節的能力還不高，所以我和蘿倫會幫忙他培養這種能力，讓他別把事情都藏在心裡，知道該怎樣安全、坦率的表達自己的心情。想要懂得情緒調節、維持心理彈性，關鍵就在於能夠公開的表達情緒。這件事做得愈好，也就愈能掌握情緒、做出正面的回應。

凱勒需要一個有同理心的陪伴者。當人處於情緒激動的時刻，最不需要的就是還有人在旁邊唸他。所以我們告訴他，他已經竭盡所能去幫助妹妹們，而且一切都沒事。我們讓他去抱抱佐拉、安慰她，再誇獎他能安慰佐拉，真是好棒的哥哥。

「意外本來就難以避免。」我們告訴他。

我們幫助他把情感表達出來，再全家一起決定該怎樣面對這段經歷。我們讓這次的經歷有了某種正面、有建設性的意義，而不是留下負面的感受與記憶。

在創造意義的過程中，發展故事是重要的基礎。我們是透過一則又一則的故事，理解自身種種經歷的意義；我們也是透過故事了解自己的自我認同。無論是我們的整個人生、某個特定的事件、甚至是某個特定的一天，都各有自己的故事。當你愈能有意識的關注生活的各種面向，就愈能成為創造自己故事的作者。你除了會為自身的過去塑造意義，也會為目前及未來的經歷塑造意義，好打造出你所需要與過去有關的故事。

後來，我們甚至沒有選擇去講那套「凱勒做錯事」的故事，而是講了一套「凱勒勇敢救妹妹」的故事。就像是音樂劇《女巫前傳》（*Wicked*）裡的巫師所言：「一個人究竟是一個十字軍鬥士，還是殘忍的入侵者？這要看哪個標籤能夠撐得更久。」

最終，我們得放下「恐懼」和「失敗」這些主要情緒，而將敘事緊緊掌握在自己手中。

你現在的敘事，有多少是來自於原發情緒，也就是對事件或經歷的初始反應？

關於你的故事，有多少是來自於你賦予過去事件的意義，而現在已經不再適合？

「你」的那套故事是什麼樣子？你究竟是什麼樣的人？

你為什麼是現在「這個人」？

接下來我們會繼續討論這些問題，你也會發現，自己才是那個有能力塑造故事的人，而且你也應當負起這個責任。

這是你的故事，多點創意吧！

肯・阿倫（Ken Arlen）成長於一九七〇年代，國中時期開始抽很多大麻。為了想把大麻味蓋過去，他也開始抽菸。他爸媽雖然對他抽菸不會感到開心，但至少也不會太介意。因此當時在他看來，抽菸看起來還不算是太壞的事。

高中時期的阿倫還是一直抽菸，到大學時菸癮已經到達每天一包的地步。他跟我說起這段故事時，甚至告訴我當時他真心相信：「如果要喝啤酒，怎麼可能不配一根菸？」就連喝杯咖啡，他也一定得來一根才行。

整個大學期間，他和朋友都曾多次嘗試戒菸，但最後都徒勞無功。他說：「這件事一直沒斷過。我前前後後至少戒菸了二十次，但從來沒有成功過。」

抽菸成為他自我認同的一個基礎面向，與生活的方方面面都緊緊相連。他讀書的時候要抽菸，早上醒過來要抽菸，就連跟朋友在一起都得來一根。他知道這是個壞習慣，也知道自己已經對尼古丁上癮。他知道這樣很不健康，真的很想把菸癮戒掉。

離開大學之後，他經歷一段過渡轉換期，搬到威斯康辛州的麥迪遜市（Madison），在醫院的癱瘓病房找到勤務員的工作，協助護理師處理雜務。

醫院有一間休息室，勤務員可以在那裡休息，也允許抽菸。阿倫上班第一天，他走進休息室，另一位勤務員遞了一根菸給他。

他說：「不了，謝謝。我不抽菸，從來沒抽過，以後也不想抽。」

那是四十年前的事了。在那以後，阿倫真的一根菸都再也沒抽過。

為什麼阿倫能夠成功改寫自己的故事、改變了自己的過去，在新環境中獲得嶄新的自己。

首先，他身處於一個新的環境，沒人知道他曾經是個老菸槍。他也提到，雖然當年是一時衝動而說出「我不抽菸，從來沒抽過」，但卻是很巧妙的一步。公開向同事宣告自己從來不抽菸，就會讓人覺得在他身邊抽菸似乎不太好。

「我覺得應該是潛意識裡的某些智慧讓我想出這個念頭。因為我知道，許多習慣和癮頭是來自同儕壓力和對環境的反應。而我想在那個環境裡，當個不抽菸的人。」

大概過了一週，他對尼古丁的渴望逐漸消失了。這件事並沒有那麼難，因為阿倫大半的時間都專注在工作之中，而且他在這個環境裡給自己設定的身分，就是個不抽菸的人。這一週過去後，**他再也沒有抽菸的念頭**。

他用創意講出自己的故事。

重新建構你的故事

根據社會心理學者丹．麥克亞當斯（Dan McAdams）所提出的「敘事身分」（narrative identity）理論，我們會把自己的種種生活經驗整合內化，形成一個不斷演化的故事，再據以形成我們的身分認同。是這個故事，讓我們覺得生命的點點滴滴結合成一體，而且有其目的[9]。

這套生命敘事能整合我們「重構出的過去」、「感知到的現在」，以及「想像中的未來」，使這三者同時存在故事中。就我們的體驗而言，過去、現在與未來並不是分開而線性存在，而是合而為一、同時發生的。所以你的過去、現在和未來全都在**當下**同時發生，至少在你的腦海中確實如此。

我們所擁有的那個故事，會隨著新的際遇不斷發展與改變。過去的「事實」通常無法改變，但「你告訴自己的故事」確實可以改變、也確實會有所改變。當你修改自我的歷史時，很可能會有所遺漏，甚至完全漏掉某個原本在故事中非常關鍵的「事實」。甚至故事中的事實可能根本算不上事實，只是你自己過去的觀點而已。

可惜的是，人們在創造自己的故事時，所根據的往往並非自己所期望的未來，而是對特定經歷的最初感受，因此容易被困在這套故事之中。

「重新建構你的故事」的重點之一，就是要把過去覺得負面的經驗變成正面。你可能正在疑惑的抓著頭：「為什麼？我的真實感覺就是負面的，為什麼要假裝正面？」

因為所謂「正面」或「負面」並不是事實，只是你賦予的**意義**。

你對過去事件所賦予的意義，會決定你未來的自我認同、決定你能擁有怎樣的未來。唯有改變自己對過去的看法，才能從根本上改變自己的故事、讓自己的未來得到升級。簡單來說，就是用「新的未來」創造「新的過去」。

我研究改變敘事認知已經超過十年，我看過最有用的技巧，就是蘇利文所提出的「缺口與收穫」（the gap and the gain）[10]。蘇利文認為，如果你只注意自己失去了什麼，就等於是活在一道「缺口」當中。

活在缺口裡的時候，就無法真正理解或享受自己生命中的優勢。這時你所能看到的，全都是那些不如己意的東西。如果你活在缺口裡，即使住在豪宅，也只會看到房子是如此的不完美；即使有個很棒的另一半，也只會看到他有錯誤與缺陷。

這就是所謂的「缺口」。

你可能已經有很優秀的孩子，但你還是只看到他們哪裡還不行。

你可能在過去九十天裡朝自己的目標大幅邁進，但你還是只看到不符合計劃的地方。

讓我們仔細體會一下，「活在缺口中」和「活在收穫中」是如此的截然不同。與其不斷衡量「自己離理想還有多遠」，倒不如衡量「自己已經比過去進步了多少」。

乍聽之下，可能會讓人覺得好像和前文的內容有所矛盾。但請容我解釋。

當你告訴自己和別人**你的故事**時，重點是放在未來的自己，也就是你對未來的理想；但當你在衡量自己短期內**你的進步**時，則應該回顧一下過去的自己。定期衡量自己比過去進步多少，就能清楚感受到自己並沒有停滯不前，進而得到繼續前進的動力。這樣能夠提升自信與士氣，讓你能夠繼續追求一個超越過往一切的「未來的你」。

為什麼「衡量收穫」如此重要？

因為這能讓你的「選擇性注意力」（selective attention）重新集中。

看世界的時候，我們都是帶著主觀的觀點，選擇要注意什麼，就會看到什麼。如果你選擇去注意自己有何收穫，就等於是訓練自己看到自己的進步與動力。你會得到一種「獲勝」的感覺，讓你更加有自信、興奮與熱情。

這正是「衡量收穫」的目的與實用之處。這一切都是發生在心理層面，目標是讓自己對目前所做的事感到開心，就能讓隨之而來的自信與正面情緒成為動力，鼓勵你繼續追求更大、更有挑戰性的目標。自信是想像力的基礎，而看到進步，就能培養自信。

你開始主動改寫自身故事時，如果能從「缺口」觀點改為「收穫」觀點，就會發揮出極強大的威力。例如，過去的某個經歷在你心中一直留有負面情緒，當你重新檢視那次經歷、試著了解它對你造成什麼樣的影響時，往往會將目前不好的處境都歸咎於過去。

但如果你能翻轉對那些經歷的詮釋，會有怎樣的效果？如果你能主動轉移注意焦點，在這些經歷當中尋找「收穫」，會發生什麼事？如果你選擇改變自己的觀點、重新建構這些故事，又會發生什麼事？

當我們回首自己的過去，自然會用新的觀點、經驗和理解，去修訂過去的歷史。要是你的觀點和過去完全一樣，或許代表著你仍然陷在過去當中，沒有進步與成長。

把注意焦點從「缺口」轉向「收穫」，就能讓你對過去經歷採取**策略性的記憶**，讓過去記憶為你所用，不再受限於當初的情緒反應，而是根據你想選擇的自我認同與目標。於是，你將會成為那個為經歷賦予意義的人、你將會成為那個建構故事的人。

那麼，該如何翻轉自己的劇本？

祕訣就是要根據你所選擇的身分（也就是那個未來的你）的觀點，來過濾你的過去。那個「進化後的你」，對於這些事件會有何看法？這些事件又是如何讓你變成現在的你？

過去所經歷的一切都是在成就你，而不是要折磨你。而且實際上，這個「成就你」的過程至今都還在繼續發生。

羅素・韋恩・貝克（Russell Wayne Baker）是一位備受推崇的美國知名記者、旁白。他的自傳最初曾經遭到多家出版社退稿，理由是「內容太無趣」。但他的反應是告訴太太：「我現在要上樓，去發明我人生的故事。」

他最後寫出的成品，就是榮獲普立茲獎的暢銷傳記《成長》（*Growing Up*）[11]。

這個「重新發明」的版本，其實和原始版本同樣真實，但他找到一個更吸引人、也更有效的方法，來說自己的人生故事。

不論是他的過去、或是你的過去，都有無數個可以切入的觀點。糟糕的經驗，也可以看成是學習的經驗；在學校無聊的一天，也可以看成是一次正面而強大的經歷。

你選擇要在故事裡強調什麼、忽略什麼，將會影響整個故事的焦點與影響力。精神科醫師李文斯頓說：「每個人在詮釋自身歷史時，都擁有同樣的自由度，我們能夠把自己人生故事裡的角色加以美化或醜化。我們需要體會，這兩個選項都反應著我們當下的心理需求；並意識到，我們都有能力選擇將自己的過去塗上開心或難過的色彩。」[12]

從「缺口」轉為「收穫」

我在一個破碎的家庭裡長大。我的父母在我十一歲時離異，父親深陷沮喪，後來還染上毒癮。在我的青少年歲月中，一路走得踉踉蹌蹌，高中差點畢不了業。我犯下許多錯誤，也遭遇到許多情感上的困惑與痛苦。

面對那些年輕歲月的時光，我創造出各種意義，來幫助自己理解這段經歷。當時的我創造出的意義是：父親導致我和弟弟們的失敗，他是讓我的世界不斷出現各式各樣錯誤的「原因」。

當時的我覺得自己就是個受害者，所有發生在我身上的事，對我都是一種折磨。高中畢業後，我度過完全沒有任何長進的一年，但最後我決定必須改變自己的人生。我不再一天打十五個小時的電動。我一直想去宣教，但因為過去生活上的事件，再加上我對這些事件的詮釋，讓我一度放棄那個理想。

改變我人生的關鍵，是和父親重新和好。在中學時期，他曾經無數次向我伸出友善的手，我卻總把他拒於門外。然而為了讓我的人生能夠向前、有所改變，我知道自己必須再次開始和他說話。於是我們每週一起共進一次午餐，是他鼓勵我去完成宣教的使命。

我重新開始和父親說話，並準備踏上宣教之路，已經是大約十年前的事。在這十年間，我徹底成為一個全新的人。我學會用不同的觀點來看待自己的過去：懂得去看那些「收穫」，而不是看著那些「缺口」。我就像麥克斯那樣，拋開先入為主的想法，開始愈來愈能用同理心來看自己的過去，也愈來愈能抱持同理心與理解的心情來看我的父母。

想從「缺口」轉變到「收穫」，關鍵之一是要**取得更多資訊**。我宣教回來後，曾經在許多場合和父親談到過去那段艱困的生活。他當時也已經重新整頓人生，甚至還已經擔任戒癮康復輔導員長達數年。

當我轉換到父親的視角，認識他在我青少年時期那幾年的生活，讓我感到慚愧。當時他也經歷很大的創傷，離婚讓他徹底心碎，而且在他最需要支持陪伴時，連孩子也拋棄了他。我並不是要說他過去的行為是對的，但對我而言這是一種選擇，我可以選擇自己要如何記住這段過往。而我選擇的，就是在我為過去進行敘事時，所根據的是現在的情境與觀點，同時重視的是「收穫」、而非「缺口」。

我對過去的敘事曾經是父親如何對不起我和弟弟們。但在宣教那段時間，我的故事已經開始改變。在宣教時，當我談到那段過去，會說到我已經原諒父親對我們所做的一切，我能放下過去的一切。

然而，光是放下過去還不夠。爺爺在我父親還是個嬰兒時收養了他。而我自己，現在則是三個養子的爸爸。而幫助我的孩子度過他們的創傷，也幫助我重寫關於自己父親的故事。現在再看到父親，我已經能夠更有同理心、也更能理解他。

無論是父親種種行為的意義，或是這一切事件的情境脈絡，對我來說仍然在不停變化。這些過去已不再讓我感到痛苦，但對我而言卻是愈來愈重要。從過去、現在到未來的成長，那段時間的所有事，都是成就了我、而不是折磨著我。

在過去十年間，我看到父親讓他的人生出現不可思議的轉變，讓一切重回他的掌握之中，他也成為我最好的朋友之一。他是我心中的英雄，他所經歷與克服的困難多麼令人印象深刻。每當談起這段故事，我都對父親的經歷和他現在的樣子充滿敬意。與其僅抓著過去不放、不斷深究多年前的痛苦細節，倒不如好好珍惜其中的轉變與收穫。

重新建構過去的五個步驟

當我在情感上發展得愈成熟，過去對我造成的負面影響就愈小，我也就愈能去形塑它的意義。

你也是如此。

就這點而言，你也有責任去重塑自己過去的故事。詳細做法如下：

第一步：將過去的意義從「缺口」觀點轉為「收穫」觀點

我們來練習一下，將你的心態從「缺口」觀點轉為「收穫」觀點。想做到這點，就請拿出你的日記，回答以下問題：

過去十年間，你經歷過什麼重大的「勝利」或「成長」？
你發生怎樣的改變？
你放下哪些負面的東西？
過去幾年間，你對自己與人生的看法有什麼改變？
在過去九十天裡，你得到什麼成就、或是有什麼進步的跡象？請列出一到三項。

把關注的重點放在有什麼進步，就等於是讓自己以變化與成長為焦點。這樣能提升你的想像力與自信，能在你開始塑造自己的未來身分時有所助益。持續這麼做，就能訓練你的大腦，最後選擇性的只會注意到成長的部分。這樣一來，也就是訓練自己的自我認同成為一個正向積極的人。

第二步：列出過去一到三項負面經歷

你已經在第一步以收穫的角度思考你的過去，現在請再想出一到三項重要經歷，是你認為對自己的人生有負面影響的。把這些經歷也寫在日記裡。

第三步：從這一到三項負面經歷中，列出所有的好處或「收穫」

從這一到三項的列表，找出它們帶來的所有好處、機會或教訓。這些經歷是怎樣成就了你，而不再成為你的折磨？

第四步：讓「未來的你」與「過去的你」進行對話

「過去的你」並未消失，仍然生氣勃勃、精力充沛。你到哪裡都會有「過去的你」相伴，但同時，「未來的你」也會如影隨形。只不過，如果過去的你傷痕累累、內心破碎，就會對現在及未來的你形成很大的累贅。

該是時候來治療、改變過去的你了。由你來改變過去的意義，由你來放下自己一直帶著的痛苦；你將能讓過去的你有著完全不同的自我認同，你將能讓過去的你完全治癒。

看到過去經歷裡的收穫，就能了解自己已經走了多遠，而這也是一種很好的方式，讓你看到過去的自己有何優點，而不是只看缺點。另一個重要技巧，則是讓「未來的你」與「過去的你」進行對話。這件事可以是在你的日記、你的想像，又或是心理治療的過程中進行。

想像那個你理想中「未來的你」。他非常體貼、充滿智慧、善解人意，有種種豐富的經歷，也已經為自己在生命中創造出你所渴望的自由與能力。你可以先參考以下問題，在日記裡問問自己：

如果「未來的你」和「過去的你」一同共進下午茶，那會是怎樣的經驗？

他們會如何看待彼此、會想跟對方說些什麼？

如果「未來的你」提出充滿關愛的建議，告訴「過去的你」是時候放下往事、繼續前進，那麼故事又會如何發展下去？

第五步：改變與「過去的你」有關的故事

改變故事之後，就會看到自己全新的可能性。你不再是過去種種事情的受害者，而是一個主動的形塑者，要為自己的經歷塑造意義。你的過去就是一個意義、一則故事，而你可以在眼前當下加以重構、重新設計。

你每次回顧過去，都會改變過去。

如果能治癒過去、讓過去維持健康，你的過去就只會是一個可用的資訊來源，不會給你帶來情感上的負面影響，只會帶來你所挑選的正面影響。「過去」就只是可供你使用的原物料，完全可以讓你敲敲打打、折折疊疊。你可以東挑西選，看看要把哪些東西丟掉，又要選擇怎樣的敘事來建構過去。

你每次取用一段回憶，都會改變那段回憶。記憶就像傳話遊戲，傳話的次數愈多，變化的幅度也就愈大。神經科學家唐娜．布里奇（Donna Bridge）就說：「所謂記憶，並不只是單純回溯到事件發生當時所留下的印象。這個印象有可能會因為你過去對它的回憶而有所扭曲失真……你每次回憶某個事件，都可能會讓這份記憶變得愈不精確，甚至漸漸變得完全不是那麼一回事。」[13]

再回到要讓「未來的你」和「過去的你」對話的話題。想一想：

現在伴隨著你的那個「過去的你」，是個怎樣的人？
如果那個「過去的你」能得到治癒與轉變，會有什麼不同？
你對那個「過去的你」有什麼感覺？
如果再有人問起你的過去，你會講出什麼樣的新故事？

在讓自己繼續前進、改變記憶的過程中，需要刻意讓自己思考這些問題。但請不要在沮喪不安的時刻回憶那些痛苦過去；而是要選擇在感到安全、愉快、輕鬆、和真正愛你的人在一起的時候，刻意拜訪那一段又一段的過往。

布里奇在一個為期三天的記憶研究中，用電腦螢幕呈現許多擺放在不同網格中的物品，測試受試者能否記得物品的正確位置。第一天，在螢幕上呈現一百八十件不同物品，請受試者記憶物品所處的網格位置。第二天，只呈現其中部分物品，接著請受試者憑記憶將這些物品放回第一天的正確位置。到了第三天，則是給受試者一張隨機物品列表，請受試者回憶哪些物品曾出現在網格上，並將它們放回第一天正確的位置。

結果顯示，關於「哪些物品曾出現在網格上」的問題，如果是第二天也曾出現的物品，受試者回答的正確率會高於第二天沒有出現的物品。但關於「物品的正確位置」的問題，正確率就明顯受到影響，他們比較容易記得自己在第二天把物品放到哪裡，而不是第一天物品的正確位置。

第二天的經歷改變他們對第一天的記憶。你每次回憶，都會讓記憶產生變化。正如布里奇所說：「我們的研究發現，如果第二天把物品放錯地方，會影響受試者在第三天回憶物品的位置……回憶這件事，並不只會增強原始的關連，而是會改變記憶儲存，因此強化對第二天錯誤位置的記憶。」

每次你觀察任何事，都會對它造成改變。這在物理學上稱為「觀察者效應」（observer effect）：光是觀察某個現象，就必然對觀測對象造成一定的影響。舉例來說，測量輪胎的胎壓時，一定會導致一小部分空氣漏出，於是我們測到的胎壓勢必跟原本有微幅差異。不論差異再小，總之會因觀察而有所改變。

你看著自己的過去，你的過去就會有所改變。當你再一次看著自己的過去，你的過去就會有所改變。每次你看著鏡中的自己，**你都會有所改變**。

說到如何好好運用觀察者效應，卡馬爾・拉維坎特（Kamal Ravikant）是個很好的例子，他每次照鏡子都會對自己說「我愛你」。他患有憂鬱症，一開始這種話連他自己都難以置信，但他依然持續這麼做。就算幅度小到難以察覺，都會帶來微小改變[14]。

在這種有意的行為重複成千上萬次後，他逐漸從那個憂鬱且有自殺傾向的人，變成真心愛自己的人。隨著時間過去，那個在鏡中回望他的人也出現變化。他現在擁有全新的性格、全新的情感基礎。從過去、現在、到未來，他的整套故事都已經改變。

不論你過去發生什麼事，不論是多麼的離奇、可怕、或美好，你都同樣能夠形塑那個過去的你、決定那個未來的你。

以上我所談的內容，並不是要抹去發生在你身上那些往事的重要性，也不是想漠視那些往事為你帶來的沉痛傷痕。我知道你所經歷的、所感覺的一切都是真的。但我真正想告訴你的是：「你就是自身過往經歷的設計師」，你能夠決定過往經歷所代表的意義。

決定你過往經驗的關鍵，並不是當時到底發生什麼事，而是**你選擇要如何記憶自己的過去**。

過去曾經發生哪些讓你難以忘懷的經歷？

這些經歷為你帶來怎樣的影響？

那個「過去的你」是怎樣的人？

你對那個「過去的你」有什麼感覺？你喜歡這樣的人嗎？

你現在是怎樣的人？

那個「未來的你」又會是怎樣的人？

未來由你做主：你想讓一切變成什麼樣子

所謂的起點，常常就是終點。決定終點，也就是決定起點。終點正是我們啟程的地方。

——艾略特（T. S. Eliot）

奈特・蘭伯特（Nate Lambert）一直為自己的體重所困擾，其實蘭伯特全家都有同樣的問題。他一次又一次試著節食減重，但最後都終告失敗，讓他相信自己生來註定會是個不健康的胖子。於是，他決定要在其他領域得到成功、做為補償。

但他心裡還是有個疙瘩，因為他眼睜睜看著父母正面對著嚴重的健康問題，因為過重而飽受各種限制與疾病。想到這點，蘭伯特就開始想像著自己的未來：

如果我還是繼續無法減重，未來會是什麼樣子？到了七十歲的時候，我會是什麼樣子？

如果繼續延續現在的故事，他想像未來的自己將會非常不健康，也沒辦法做那些自己喜歡的事，像是長途健行或環遊世界。他還想到自己的五個孩子，以及未來的孫子孫女。到了七十歲的時候，他一定沒辦法好好享受天倫之樂。要是他走上和父母一樣的路，會變得極度肥胖、行動困難，並患上各種折騰人的疾病。

對蘭伯特來說，想像到這樣的未來、想像到這會帶來的種種痛苦，就成為他人生的轉折點。他很快的做出判斷，認為自己並非**別無選擇**，有一件事情能夠對自己的健康帶來最大助益：在自己的飲食中完全排除精製糖類，而且是**此生再也不碰**。如果他此生再也不碰任何不健康的糖類，就有可能控制體重。他能夠預見自己七十多歲時身體健康，能去健行、也能和未來的孫子孫女玩成一片。他真心想要這個未來的他。

對未來自我的願景，讓蘭伯特有理由去改變自己的自我認同與行為。單單靠著這一個決定，他就能夠成功擺脫體重帶來的困擾與壓力。

心理學的「決策疲勞」（decision fatigue）理論指出，人的意志力是有限的，你每做出一個決定，就會耗損一些意志力，當我們必須不斷進行衡量、比較、並做出選擇時，往往會導致身心俱疲而無法做出正確判斷，或者乾脆放棄判斷。

如果能夠做出堅定的選擇，就能夠避免決策疲勞。像蘭伯特已經決定這輩子拒絕精製糖類，就不用遇到各種情境時都得決定是否吃糖。既然早已做出決定，無須再衡量各種選項及其潛在結果，當然也就不會有決策疲勞的問題。

如果未能**事先**做出堅定而明確的決定，也就是把決策這件事拖到將來不得不決定的時候。像是鬧鐘在凌晨五點響起的時候，如果你還沒有做好一定要起床的決定，就等於是準備面對失敗。失敗的原因很簡單，因為你打算等自己大夢初醒、全身無力、腦子迷迷糊糊的時候再來做決定。所以，你該把鬧鐘放在房間最遠的那一頭，讓自己別無選擇，你就是得起床去把它關掉。

有種種的「未知」都會消磨你的意志力，並且在最後讓人受到環境種種的負面影響。你得要先知道自己在什麼情況下要做出怎樣的回應。而且這些決定必須是在碰到這些情況之前就想清楚，否則到時候就很容易讓自己行事前後不一、不斷反反覆覆。

與決策疲勞相反的，就是做出堅定的決策。就像籃球傳奇麥可・喬丹（Michael Jordan）所說：「我只要做了決定，就再也不會去想它。」

再想想阿倫的例子，那個「從來不抽菸」的人。他決定絕不再抽菸之後，沒多久，要不要再抽菸這件事就**再也不會出現在他腦海**。決策疲勞與成癮疾患息息相關。人之所以會有癮頭，是因為還沒真正做出「停止」的決定，於是持續消耗著心智能量。

哈佛大學商學教授克里斯汀生就說：「一〇〇%堅持原則，要比九八%堅持來得容易。」[15]

如果你對某件事只有九八%的堅持，就是**還沒有下定決心**。未來每次遇到相關情境時你就得做出決定，判斷當下情況是否符合那允許的二%例外。這樣一來，你就無法確定自己的行為和決策會帶來怎樣的結果。

缺少決斷，就會造成自我認同的混亂。想要成功，就必須對自己真正想要的事情有著一〇〇%的決心。如果能夠做出堅決的決定，而不是在遇到困難就想容後再議，下定決心就能讓你更有自信、更有進步。

當蘭伯特決定要堅持拒絕精製糖類，他的自我認同也隨之改變。那個新的「未來的他」（一個完全健康的人，能和孫子孫女一起玩，能去旅行、健行、做想做的事），正在塑造著他當下的選擇。

我們必須特別指出，這裡的問題並不一定在於「糖」本身，真正的問題在於蘭伯特想像當中「有糖的未來」以及「無糖的未來」之間的差異。在他想像出一個「無糖的未來」之後，就會開始看到原本「有糖的未來」所不會看到的各種可能。

這是你能夠、也應該為自己做的事。請想出一件在你生命當中，其實你並不完全贊成的事。要是你的生命裡去掉那件事，你的未來會變成什麼樣子？

無論你想到的是糖、電玩、令人分心的事物、或者任何其他壞習慣，我們的重點不是要說這事情有多麼糟糕，而是「未來的你」有可能會因此而有不同。

你的決定，會形塑你的未來。
你的未來，會形塑你的自我認同。
你的自我認同，會形塑你的選擇，最後也就形塑出你的性格。

心裡想著那個全新的未來自我，並有著要一〇〇%戒除精製糖類的決心相助，蘭伯特開始對自己的健康產生極大的興趣。他開始閱讀各種保健書籍，研究糖所帶來的所有負面副作用，還用清單列出所有與糖有關的疾病，例如：失智症。

蘭伯特主動改變自己的自我認同，以**配合自己的決定**。

每天早上，他都會再次向自己確認，自己是個健康、充滿活力、不吃糖的人。有人邀他吃甜食或不健康食物的時候，他就會再次確認自己的自我認同，回答：「不了，謝謝。我不吃糖。」

在接下來六個月，蘭伯特就減掉超過二十二公斤，對未來的信心及願景也大幅提升。蘭伯特對於自己和過去的故事也改變了。他現在的故事，變得更著重於**未來的目標**，而不是過去的情況。蘭伯特不再是過去那個胖子，而是一個健康、充滿活力、自己想成為的人。

積極創造未來的四個步驟

接下來輪到你了。

第一步：誠實檢視你給自己賦予的未來

在還沒想像自己想要的未來之前，先花一些時間，誠實面對你目前給自己賦予的未來。別忘了，蘭伯特本來也已經心灰意冷，覺得未來的他只會像父母一樣，不會有什麼不同。

但等到他做出那個關鍵的決定，那個理想的未來不僅看來可能、更可信。

你目前給自己賦予的未來是什麼樣子？
你對那個未來感覺如何？那是你真正想要的嗎？
你有沒有看到自己完成一直夢寐以求的目標？

如果看著你誠實攤在自己眼前的未來，卻沒讓你覺得極度興奮，那可就有問題了。如果未來的你受到限制，也就會讓現在的你受到限制。你的未來與目標，就是你當下身分的框架。所以如果未來的你有所受限，當下的你所擁有的身分、所表現的行為必然也沒有完整發揮。正如蘇利文所言：「你的未來愈遠大，你的現在就會愈美好。」

想讓自己的身分、行動與行為都得到提升，就需要找出一個新的「未來的你」。你需要某件能深深打動你、覺得有共鳴的事物，讓你覺得非常有目標，能用來打造自己現在的自我認同。

第二步：寫下你的自傳

你所設的目標，必須超越你現有的能力。你需要完全不去顧慮自己能力的極限。如果你覺得自己不可能進到自己所屬領域的某間頂尖企業，你就該以進入這間企業做為目標。如果你覺得自己不可能登上《時代》雜誌封面，就把登上《時代》封面當成你的使命。把你的願景變成現實。沒有什麼不可能。[16]

——保羅・亞頓

自己的故事，得由你自己來寫。到這邊請暫停一下，找出你的日記本，然後準備開始寫下那本屬於你自己的傳記。撰寫方式一點都不難，就好像是幫某位古代名人寫傳記那樣，你要透過這本傳記來回顧他的一生。

在你的這本傳記中，能看到的不只是你這一生經歷的點點滴滴，更包括你對下列問題的深入思考：

你的故事是什麼？
曾經發生哪些重大的事？
後人會怎麼記得你？
你是怎麼過著你的生活？
你有了怎樣的成就？

花一點時間，簡單寫出自己的傳記，從出生寫到現在。接著，再寫出從現在到過世這段時間預期的傳記內容。每一年都做一次練習，你就會發現，你對過去與未來的故事，會隨著你的改變而有所進化。但只要你做這項練習的次數愈多，你敘述自身故事的時候也就能愈有目標、愈有創意。

你會愈來愈懂得創造出你想像中的故事，並且還能將那個故事化為現實。因為你的生活更有目標，也就更能經常感受到高峰經驗。這些高峰經驗將會改變你的觀點、提升你的自信，讓你的自我認同更為靈活。而在你的自我認同更為靈活的情況下，就愈不會被困在過去、困在你以為的自己。你將能想像出一個「未來的你」，並且迅速讓那個你成為現實。

第三步：想像三年後那個未來的你

三年後，你想變成怎樣的人？請描述得明確一點。例如：

· 到時候你會賺多少錢？
· 朋友會是哪些人？
· 平常的一天會是怎樣？
· 會穿什麼類型的衣服？會有怎樣的髮型？
· 會做什麼類型的工作？會處於怎樣的環境？

如果你還不太習慣去預想未來，可以先從未來的九十天開始。

過了九十天之後，你想變成什麼樣子？

到時候，你希望達到什麼成就？你希望自己能有什麼不同？

你希望自己所處的環境又能有什麼不同？

不要只是在腦海中回答這些問題，請把你的答案實際寫成或打成一份名為「願景」或「未來的我」文件，就能發揮出更為強大的力量。你可以將這份文件打字，並放上一些圖片，再把檔案列印出來，反映未來的你以及未來的環境。雖然這份文件沒有長度限制，但最好還是短一點、有關注的重點。圖片的內容可以包括：

- 你和珍愛的家人。
- 擁有理想身材的人。
- 你所想要的環境，像是一棟漂亮的家。
- 你想追尋的心靈偶像，像是耶穌或佛陀。
- 你希望能有的體驗，例如：跑馬拉松或出國旅行。

第四步：把你的新故事告訴所有人，讓大家認識那個未來的你

別再想著要找出自己現在的樣子，而要去找出你想成為的樣子。

——羅伯特．布洛特

大多數人的生命故事，都是根源於那個過去的自己。但從現在開始，請讓你的故事以那個「未來的你」為根據。正因如此，如果現在有人想知道你是誰，你該講的就是那個「未來的你」的故事。

音樂劇《漢米爾頓》（*Hamilton*）的〈滿足〉（Satisfied）一曲，描述亞歷山大．漢米爾頓（Alexander Hamilton）如何在宴會上認識斯凱勒（Schuyler）一家姐妹，最後還和其中一位成婚。漢米爾頓先碰到的是安潔莉卡．斯凱勒（Angelica Schuyler），她問著一般人會問的問題，內容集中在地位和階級[17]：

安潔莉卡：「我是安潔莉卡．斯凱勒。」

漢米爾頓：「亞歷山大．漢米爾頓。」

安潔莉卡：「你的家族來自何方？」

漢米爾頓：「這不重要。我還有一百萬件事還沒做，你等著瞧吧，等著瞧吧……」

漢米爾頓沒有顯赫的過去，沒有出色的背景。他並不富裕，但他有著夢想。他的故事所根據的不是他現在的樣子，也不是過去的成就，而是根據他未來的目標。

卡麥隆・赫羅爾德（Cameron Herold）是營運長聯盟（COO Alliance）的創辦人，已經協助數百家企業組織提出他所謂的「清晰願景」（Vivid Vision）。赫羅爾德建議，企業組織可以把這些願景文件的長度維持在大約三到五頁，並且在定案之後立即公告周知。

在公司的層面，就該讓所有團隊成員都知道你的願景（而不是知道什麼性格類型）。而且，你也會希望這份願景能讓所有的客戶和潛在客戶都知道。

至於個人的層面，一樣可以準備一份三到五頁的文件、印出紙本，這有助於讓你更完整看到並且相信這個未來的你。此外，你會想要把這份〈清晰願景〉文件分享給所有你認識的人。你讓生命中愈多人知道你的願景與目標，他們就會讓你更對這些願景與目標負起責任。

你所訂出的願景，必須遠遠超出你當下的現實，必須能給你帶來鼓舞與激勵，必須能為你提供動力與希望，也必須能讓你有所延伸、有所改變。這個願景必須大到讓你在日後回首，能對自己的成長及進步大吃一驚。

你的「未來自我」與「願景」就像一份尚未定案的工作文件（working document），需要不斷被修改與重寫。而為了讓目標更明確、更可行，可以先將願景的時間縮短在大約未來三年內。你的願景應該要集中在一項主要目標上，只要你能達到這項主要目標，生活中其他面向也都能心想事成。

本章小結

到這一步，你已經改變對過去的敘事方式，也已經想像出自己理想的未來。開始忙碌的時刻到了。

動起來吧！

為了讓新的自我認同得以鞏固，你必須讓你的行事作風以新的認同為準，而不是以過去的你為準。心理學家為此提出一個術語：自我示意（self-signaling），也就是由我們的行為回過頭來告訴我們「你是誰」。我們的行為，就成為我們判斷、衡量自己的參考。如果你改變自己的行為，你的認同也就會隨之改變。

你開始扮演那個未來的你之後，終有一日會真的成為那個未來的你。你的性格會變得能夠配合你的目標，你也能擁有自己需要的個性、特質與環境。

為此，你必須讓自己的日常行為都以那個未來的你為標準。對於「現在的你」所擁有的機會與選擇，你必須勇敢說不，讓自己以「未來的你」做考量。

「未來的你」就是你的新標準。

例如，假設你以公開演講為業，目前的演講費是一場五千美元，就請將你的費用提高到一萬五千美元，而且只要對方無法支付就拒絕。寧可用新的標準而遭到拒絕，也不要用舊的標準而被迫接受。

慢慢的，你的潛意識就能追上你的勇氣，成為你的新常態。到頭來，你的新標準就會完全取代舊標準；而且這裡講的可不只是錢而已。也有些時候，新標準是一種水平而非垂直的成長。但不論如何，重點就是要用「未來的你」做為當下心態與行為的新標準。

下一章將會明確告訴你其中需要注意的重點。

第五章

用實際行動
強化潛意識

光在腦海裡空想是不夠的，
要讓身體也熟悉未來的你。

潛意識儲存我們所有的感覺，而不會在乎社會或他人對這些感覺的接受程度。所以了解潛意識非常重要，在那些構成我們性格的各種行為背後，很可能正是受到潛意識內容的影響[1]。

——約翰・薩諾（John E. Sarno）

一九九六年夏天，珍・克麗絲汀生（Jane Christiansen）第一次、也是唯一一次去滑水。那年她三十六歲，體能狀況非常好，但沒有滑水經驗。以至於當另一艘船靠得太近、在衝浪板下掀起波浪時，她不知道應該要趕快放手。

她還沒意識到發生什麼事就已經飛到半空中，整隻右腿扭曲到頭的後方。接著她落回水中，一股難以言喻的劇痛讓她幾近昏厥。她完全無法動彈，連上岸都需要旁人協助。

醫師告訴她，她的腿後肌和臀大肌撕裂達九〇％，幾乎已經完全分離，從此再也無法跑步。這個消息簡直是晴天霹靂，克麗絲汀生一直把運動當成生活的一大重心，幾個月前才剛跑完一場馬拉松。雖然難以接受，但她還是默默的接受醫師的診斷結果，把醫師的話當成必須接受的現實。就這樣，一個過早成形的信念在她心裡生根。

後來，克麗絲汀生漸漸康復，回歸過去那種健康又活躍的生活型態，唯一差別就是不再跑步。她迴避面對創傷，「我再也不能跑步」的定型心態也愈來愈鞏固。

讓我們把時間快轉到二〇一一年：克麗絲汀生的先生意外失業，但他沒有去找新工作，而是決定提前退休。這讓克麗絲汀生感到震驚與憤怒，她每天為經營公司而累得要命，完全不想看到先生成天在高爾夫球場悠閒度日。但她沒和任何人說，既不想傷了先生的心，也不想讓別人覺得她就是愛抱怨。

於是，那股不斷成長的怒火就這樣被她藏在心底。

接著怪事發生了。她右腿腿後肌又開始疼痛，痛的程度就像十五年前滑水意外發生時那樣。不僅如此，現在連左腳也開始痛。這股突如其來的疼痛，完全無法解釋，卻又如此錐心刺骨。

到底是怎麼一回事？

克麗絲汀生前往醫院就診。醫師告訴她，她的年紀已經五十多歲，腿部疼痛是**自然老化**過程的一部分。根據醫師的診斷結果，她是罹患肌腱炎和關節炎。克麗絲汀生覺得這完全說不通，但她還是像十五年前一樣，接受醫師的診斷結果。

於是，在克麗絲汀生心中形成新的故事：「我年紀大，腿不行了。」她接受這套信念，於是信念就成為她的生理現實。

在這之後，她的疼痛日益加劇，健康狀況也逐漸惡化。在二〇一一年的健行季節，即使健行是她最喜愛的休閒活動，但她連一次也沒去。疼痛也持續影響到她的工作。

與此同時，她對先生的憤怒也悄悄惡化，有時甚至會氣到無法走路，但她依然沒向任何人吐露心中的痛苦。她經營一家健身中心，在別人眼中是健康又正向的燈塔，而她也希望維持這種形象。

她從小女孩的時候就是完美主義者，她不想讓任何人看到她內心掙扎的樣子。

我們再把時間快轉到二〇一四年：克麗絲汀生參加一場業務與行銷大會，經朋友介紹認識Genius Network與Genius Recovery的創辦人喬．波利許（Joe Polish）。他看到克麗絲汀生走路一跛一跛，問她怎麼了。

「這是怎麼回事？」他邊說邊指了指她的腿。

「哦，沒什麼啦，只是腿有點痛。」克麗絲汀生故作沒事。

「你說『腿有點痛』是怎麼了？是受傷嗎？」

「嗯，以前有一次滑水意外，我又已經五十多歲了。」

「是最近的事嗎？」

「不是，都快二十年囉。」

「等等，你說是二十年前的事，但現在還在痛？」

「大概吧，我其實也搞不清楚，」克麗絲汀生回答。

波利許後來為克麗絲汀生引薦他的朋友史蒂芬・歐札尼許（Steven Ozanich），歐札尼許是研究情緒壓抑導致身體疼痛的專家。

幾天後，克麗絲汀生和歐札尼許通電話。他完全沒問她有什麼症狀、有沒有去看醫生、有沒有做什麼物理治療，反而是問她一大堆生活上的問題。

「妳已婚嗎？」

「已婚沒錯。」

「先生是做什麼的？」

「呃，他現在沒工作。三年前失業了。」

「妳對這件事有什麼感覺？」

「這種情況真的很難應付。」

「不是，我是問妳有什麼『感覺』？」歐札尼許追問。

克麗絲汀生還是沒摸不清自己的情緒。「很棘手。」

「不是，別迴避問題。你先生失業，妳有什麼感覺？」

「這讓我覺得很煩。」

「只有很煩嗎？」

「跟你老實說，我真的超不爽。」

「聽起來妳真的對這件事很生氣。」

「我是很生氣。有時候還氣得要命。」

「妳的腿是什麼時候開始痛的？」

「大約三年前，差不多我先生失業那時候。」

歐札尼許告訴她：「好吧，事情是這樣，妳現在會痛，其實跟滑水的舊傷一點關係也沒有，而是出自妳對先生的情緒。妳得找個辦法把情緒表達出來。」

他們第一次對話基本上就到這裡為止。歐札尼許請她先讀他寫的《疼痛的大騙局》

（*The Great Pain Deception*），讀完之後再繼續談。

克麗絲汀生一掛電話就馬上訂書，但書送到之後，卻遲遲沒有開始讀。雖然和歐札尼許的對話很有趣，但沒能引起她的共鳴。她並不認為自己的問題出在把情緒都壓在心裡。

幾個月後，到了二〇一五年二月，克麗絲汀生收到歐札尼許的電子郵件：「嘿，珍，你好嗎？」克麗絲汀生回信寫道：「還不錯，只不過還是會痛。書我還沒讀，不過我保證會讀。」

寄出電子郵件之後，她把歐札尼許的書從架上拿下來，短短一週就把書讀完。等她讀完的時候，兩腳的疼痛已經消失九〇％。

她非常興奮，馬上寫電子郵件給歐札尼許，安排下一次通話的時間。歐札尼許在回信中向她解釋，她的疼痛會消失是因為「知識療法」，也就是讓她意識到造成疼痛的真正原因。

在第二次通話的時候，歐札尼許問了克麗絲汀生過去幾年都是如何治療她的疼痛，目前又用了什麼方法。

她已經試過各式各樣昂貴的療法與藥物，甚至大老遠飛到美國另一端去嘗試接受實驗療法。歐札尼許請她停下所有物理治療，不用再去針灸、按摩、整脊了。

「全部停掉，」他告訴她。「那些治療會讓人更以為這是身體上的問題，妳只要正常生活就好。當妳運動時或許可能會覺得痛，這時請別停下來，繼續運動，就當這些疼痛根本沒有發生。除此之外，你還得開始學著把情緒表達出來。」

從那一刻起，克麗絲汀生做出四項改變：

1. 她立即停下所有物理治療；她已經在這些治療上花了幾萬美元。
2. 她開始寫「憤怒日記」（Rage Journal），把所有的沮喪和憤怒都表達出來。
3. 她開始和先生談她的感受。
4. 她又開始跑步了。

光是這四項改變，就讓克麗絲汀生的人生徹底改觀。她意識到，若想避免疼痛出現，就得在情緒發生時就表達出來，不能像以前那樣把一切都壓抑下來、藏在心裡。而能夠再次跑步，也重新建立起她的自信。

我們再把時間快轉到二〇一九年：克麗絲汀生五十八歲了，自從意外發生以後，她從來沒有這麼健康、這麼活躍過。她的腿已經超過四年沒有痛過。身邊的人都非常驚訝，因為她看起來似乎每年都變得更年輕。在她的健身課上，她還是繼續逼著學員挑戰極限。她整個人彷彿散發著光芒。

對於自己的過去，克麗絲汀生已有更全面的認識。她現在不會動不動就想批評先生，也了解自己這些年來為婚姻造成不少壓力。她現在可以預見自己能長命百歲，維持健康苗條、無病無痛。她現在也可以預見自己能和先生愉快的共度餘生，在幾年前關係緊張的時候，她可沒那麼確定。

克麗絲汀生過去的完美主意與強烈情緒，現在已經擁有更加靈活與彈性的心靈。過去只要家裡一亂或失去條理就會心煩意亂、大發脾氣的她，現在已經能更加圓融的去待人接物。

「有些事真的沒什麼，像是沒有鋪好床。」克麗絲汀生對我說。

雖然她在工作上依舊維持高標準，卻變得更加開明，能夠允許員工有自己的做事方式，不一定只能聽她的話。

克麗絲汀生已經學會和自己的情緒共處。當她發現自己的情緒被觸動，或是因為工作或人際互動使她感受壓力與焦慮，她就會立刻給自己一點空間，拿出日記來整理思緒。她不管去哪，都會帶著她的「憤怒日記」。

在向別人表達想法和感受之前，她會先在自己的日記裡思索、整理一下。這種做法能讓初始情緒得到沉澱，依據她所挑選的繼發情緒來精準溝通。靠著寫日記、與自己建立連結，就能避免因激烈情緒而過早建立錯誤信念，也能夠重新接觸到未來的自己、她希望創造的生活。

克麗絲汀生學會表達自己需求的方法，為自己及人際關係訂出了更好的界限。她不再像以前那樣一味討好別人，情緒發展更加成熟、有彈性，於是讓性格也出現相應的改變。她不再那麼僵化，不再陷在過去而無法自拔。她與當下的連結、與他人的關係也更為緊密，由那個「未來的她」引領著穩定向前。

這不只是克麗絲汀生的故事，許多人也經歷過類似情況。人會因為許多不同的原因而感到疼痛。雖然我並無意、也沒有資格提出醫學上的建議，但看到有這麼多人因為潛在的心理創傷而感受到慢性疼痛，還是相當令人心驚。

在本章剩下的部分，我會提出許多科學研究成果，來探討人類情感、潛意識和身體間的連結。但也請別忘了，雖然科學研究能夠指出整體人口的普遍趨勢，但每個人的情況都是獨特的，所以不該把這些趨勢當作對個人的唯一處方。

記憶是生理的，身體是心理的

雖然我們常常認為記憶是種抽象的、心理的事，但其實記憶是具體的、生理的。你的身體就是你過去經歷的證明，是過去一切記憶的體現。或者正如貝塞爾・范德寇（Bessel van der Kolk）醫師的書名所示：《心靈的傷，身體會記住》（*The Body Keeps the Score*）[2]。

我們生命中的經驗會轉化為我們的生理，成為儲存在身體各個部位的記憶[3]。以克麗絲汀生為例，滑水的創傷就形成儲存在腿上的記憶。加州大學洛杉磯分校（UCLA）社會基因體核心實驗室主任（Social Genomics Core Laboratory）史蒂文・科爾（Steven Cole）表示：「細胞是一個將經驗轉化為生理的機器。」

克麗絲汀生的故事，點出我們的「情緒」與「身體」之間的緊密連結。雖然在醫學專業上往往把兩者分開來處理，但其實它們是一體的兩面。

情緒是讓我們的身體、記憶與自我認同合而為一的黏著劑。

人們總覺得情緒是抽象的，只存在於腦海之中。但事實不然。**情緒是具體存在的。**這裡得再強調一次：情緒和記憶，在人體內都找得到實際的標記。根據分子生物學暨神經科學家甘蒂絲・柏特（Candace Pert）的說法，人體內每個細胞表面都排列著受體，能夠接收由神經肽（neuropeptide，是由神經元產生的小蛋白質分子）所傳遞的訊息。柏特把這些胜肽稱為「情感分子」，認為在大腦與身體中傳遞、儲存的這些訊息，就是我們的**情緒**[4]。

也就是說，大腦與身體中傳遞的訊息，本質上就是情緒性的。這些訊息（也就是情緒）是我們身體的一部分。

我們所體驗到的一切，不僅會改變我們心理上的觀點與自我認同，更會改變我們的生理狀態。

這點為什麼很重要？因為我們應該要改變對身體的認識，**將身體視為一個情緒系統**。情緒就是化學物質，而我們的身體會習慣這些化學物質。以多巴胺為例，你的身體已經習慣有一定濃度的多巴胺，一旦濃度開始降低，身體就會覺得**需要**更多。於是你下意識把手伸向手機，開啟早就習以為常的潛意識循環[5]。

我們隨時都能發現自己在做這類的事。

人類許多行為都是習慣或成癮的產物。我們會下意識重複某些行為，是因為身體已經沉迷於這些行為產生的情緒。情緒這種化學物質會在人體內傳播、釋放，以恢復原有的體內平衡。

正因如此，成癮是如此難以戒除。成癮不僅是一種心理疾病，還是生理疾病。想克服上癮，就得改變你的生理。除了要讓未來的你有新的身分、新的故事、新的環境，還得要有新的身體。

你現在對哪些化學物質上癮？你的身體習慣有哪些情緒、會想要不斷激發這些情緒？

有很多人是對「皮質醇」這種化學物質上癮，也就是所謂的壓力。一旦感覺沒有壓力，他們就會覺得不安，於是會去做些什麼，給生活增加壓力。

蓋伊．漢德瑞克（Gay Hendricks）在《跳脫極限》（*The Big Leap*）說明，個人開始有所轉變時，會下意識給自己搞破壞，希望能夠回到過去習慣的狀態：「我們每個人都有一個內在的恆溫設定，掌控著我們允許自己擁有多少愛、成功，與創意。一旦超過設定值，我們常常就會給自己搞破壞，讓自己退回過去所熟悉的區域。」[6]

漢德瑞克把這種情形稱為「上限問題」：你開始讓人生有所改善時，就會下意識想要回到過去的舒適區。這是一種情感層面上的問題。

如果你還沒習慣美好的人生，每當你允許自己擁有好心情時，潛意識就會出來作亂。你的潛意識希望你產生負面情緒，因為那些負面化學物質本來就是你身體的常態。

我自己也曾經陷入這種狀態。事實上，在我寫這本書的過程中，這種情況就非常嚴重。前幾年，我的學歷、財務、家庭、人際關係和整體的愉悅感受都大有進步。但在過去這一年，我卻幾乎拋下這一切。

我注意到，自己竟然是下意識在破壞生命中的一切美好。我沉溺在咖啡因、旅行以及困惑之中。我沒辦法讓自己動筆寫作，並浪費大把時間看YouTube影片。我很難讓自己有動力。

看見自己正走進危機的網羅、陷入自我傷害的窘境，我知道必須趕緊尋求幫助。我立即坦誠的告訴太太和其他親友，自己正身陷一場瀕臨失控的風暴。於是在他們的協助下開始接受治療、設定新的目標，也對家庭和種種例行公事做了重大調整。

我重新思考未來的自己、讓願景重新上線。

如果沒有一個清晰願景來推動我們前進，人生將只能依靠你每天能召喚出多少意志力。我需要有個目標來指引自我認同及實際行動。

我用「未來的自己」做為篩選標準，為我的人生設下更堅實的界限。過程中，需要和我深深在意的人討論一些難以啟齒的話題，告訴他們，我得重新調整我們的關係，以自己的人生為重（像是我的信仰、家庭與健康）。為此，許多人大多表示能夠尊重、支持我的想法，有些重要事項甚至確實會因此受到影響，像是有些商業計劃需要更改，有些原本已講定的演講活動需要被迫取消。這一切都讓我十分慚愧。

這些有意為之的對話、調整與行為，都是為了讓潛意識更強化：讓我從根本上更接近那個未來的我，而不只是概念上說說而已。這是一項深層的工作，而深層的工作都是情感上的層面。

如果不改變自己的潛意識，就很難改變自己的性格。當潛意識發生改變，性格的改變也將水到渠成。

如果希望人生出現重大改變，就得在潛意識層面有所改變，否則即使改變了也無法持久。你可以試著逼自己當個正向積極的人，但只要你的潛意識（或說是身體）依然習慣負面消極的情緒狀態，那麼必然難以擺脫過去那些負面情緒和行為。光靠意志力，是無法克服成癮問題的（至少無法以有效、可預期的方式來克服）。

身體想恢復體內平衡的時候，會引導你去進行過去的行為與經歷，以此重現身體所習慣的情感狀態。然而，過去的行為對你並不一定是最好的選項。

人是情感的動物。你的身體就是你的「潛意識」，而想要改變你的潛意識，唯一的辦法就是改變讓你之所以是你的情感框架[7]。

克麗絲汀生已經有很長的一段時間習慣心中抱著憤怒。憤怒成為她上癮的情緒。她的人生形成一種模式，於是即使她竭盡全力想當個正面積極的人，還是一再創造出憤怒的情緒。結果，這些情感成為她的生理，也就以腿部疼痛表現出來。

約翰·薩諾曾任紐約大學復健醫學教授暨主治醫師，他認為背痛之類的身體疼痛「之所以存在，只是為了分散對情緒的注意力……想讓腦子裡不要一直想著情緒問題，最有效的就是製造一點身體上的疼痛。」薩諾指出，這是身體的一種生存機制，因為對我們來說，身體的痛比情感的痛更容易忍受[8]。

很多時候，生理疼痛的原因根本不是出於生理，而是出於**情緒**。只要病人願意接受事實，承認自己有壓抑情緒的情況，並且學習如何將情緒表達出來、改變思考情緒的框架，就不會再誤以為那些疼痛都是出於生理。史蒂文·歐札尼許在《疼痛的大騙局》中提到：「疼痛及其他慢性病症狀，是某些尚未解決的內在衝突在身體上的表現。會出現這些症狀，是出於自我生存的本能機制，是內在我（inner-self）所發出的訊息，希望有人能夠聽到。然而，現在是自我（ego）占據了中心位置，並把真相隱藏在潛意識的陰影中：這裡的潛意識也就是身體。」[9]

改變潛意識，性格就會跟著改變。你的性格只是自身情感狀態的副產品或反映。如果你壓抑著情緒，就會發展出一套性格來加以應對或迴避[10]。

如果放著創傷不管（也因此產生定型心態），你的想像力就會受到阻礙。這樣一來，你的未來自我或是目標就無法出現，又或是處處受限。到頭來，你未來變成的樣子將遠遠不及你原本該有的樣子。你會沉迷於特定的行為與情境，製造一些情緒來麻木自己長期壓抑著的痛苦。

這不會是你想做的事，也不會是你想成為的人。請花一點時間，問問自己：

你為什麼成為現在這樣的你？

成為現在的你是因為你所做出的選擇，或者只是反映著過去的經歷？

如果你能成為自己真正想成為的樣子，那會是什麼情況？

如果你能允許自己更常有美好的感覺，自己將會如何？

如果你不要再逃避那些傷痛，那會是什麼情況？

練習斷食

休息和禁食是最有效的藥[11]。

——班傑明・富蘭克林（Benjamin Franklin）

若想強化潛意識，最有效的方法之一就是斷食十八小時以上。既然身體就是你的潛意識，刻意不進食就等於是在重置身體，讓身體不用忙著消化，進而得到充分的休息與恢復。

研究發現，斷食能夠讓人迅速緩解對尼古丁、酒精、咖啡因及其他藥物的渴望[12]。也能提高體內兒茶酚胺（例如：多巴胺）的濃度，降低心理焦慮的程度[13]，並提升愉悅感與自信心。而且斷食還能夠增加腦細胞的數量[14]。

研究也發現，斷食可以延長你的預期壽命[15]。可以減輕與年齡有關的認知與運動能力（例如：平衡感）下降[16]。還能減少認知壓力，以及因認知壓力所造成的衰老、認知能力下降與慢性疾病[17]。

在其他研究中也發現，斷食可以有效改善睡眠品質[18]，能夠提升專注、學習、記憶及理解的能力[19]。耶魯大學的研究則發現，空腹有助於思考與集中注意力[20]。因此，包括暢銷作家葛拉威爾在內的許多人都會刻意不吃早餐，好讓自己能夠善用晨間時光，更加專注的投入思考與創意工作[21]。

已經有許多書談過斷食的好處，但就提升潛意識而言，最大好處是能夠幫助我們提升自信、情緒適應能力、以及自我控制能力。斷食是一種生理與情緒的**練習**，讓你重新與最深層的自己連結起來。

我進行斷食已經將近十五年之久。通常每個月斷食一至兩次，二十四小時中完全不攝取任何食物或液體。當自己覺得有需要時，也會隨時開始斷食。斷食不但能提升我的心靈與決策能力，還能讓我的思考更清晰、更專注。

在身體許可的情況下，規律練習斷食有助於讓你成為那個未來的你。斷食狀態能夠讓你的身心獲得更清晰、更直觀的連結，讓你看到並決定自己想成為一個怎樣的人。如果你正打算做出某個重大決定，更可以考慮嘗試進行斷食，好讓自己把事情想得更清楚。若從心靈層面來看，斷食與祈禱更是相輔相成的，能夠幫助你澄清自己的目標、克服實現目標時所遭遇的重重阻礙。

斷食的方式有很多，如果你是想讓身心得到療癒和連結，一個絕佳的方式就是斷食十六至二十四小時，期間不吃東西、不喝有熱量的飲料。另外，如果你是望能夠更貼近自己的內在、讓思想更清晰，嘗試停止使用科技產品（特別是網際網路）二十四小時以上，通常也能得到很好的成效。

如果你願意試著每週一次暫時遠離食物與網路，你一定會驚訝的發現，自己竟然能夠感到如此自信、思慮如此清晰。如果你是基於特定目的或想法，你將能從這些體驗中獲得更加強大的益處。不論任何事，只要是認真、有意識的去做，都會讓這件事更有價值，也更可能為你帶來高峰經驗。

我就是最好的見證，我曾經多次在斷食、禁用科技產品期間突然靈光閃現，因而做出改變一生的關鍵決定。要是當時的我依然沉溺於食物和網路之間，頭腦一定無法那麼清楚，我的人生也不會像現在這樣美好。

施比受有福：定期做慈善捐款

你必須認為自己有資格擁有好的東西，否則你的一切努力都可能被潛意識所破壞。如果你並非真心相信自己有資格獲得財務上的成功，就得不斷對抗一個難以克服的阻礙：你的潛意識。一勞永逸的辦法，就是定期撥出所得捐獻給慈善機構，說服你的潛意識，你確實有資格擁有未來的一切。這樣一來，潛意識不但會停止破壞，更將積極協助你追尋夢想[22]。

——猶太教拉比 丹尼爾・拉賓（Rabbi Daniel Lapin）

一項使用功能性核磁共振造影（fMRI）的研究顯示，慈善捐款與幸福感有關[23]。另一項研究也指出，利他的財務行為（例如：送禮、慈善捐款）有助於增進幸福感[24]。研究還發現，幸福感與獲得成功的結果有關[25]。這樣看來，讓自己去做一些增進幸福感的事，顯然非常值得。

獲得幸福感固然是好事，但慈善捐款帶來的好處還不只是這樣。我們把錢捐出去的同時，也在對潛意識發出強而有力的訊號，告訴自己「我是一個有能力幫助他人的人」。捐款是一種能夠強化潛意識的行為，可以有效提升自我認同。接下來，在喬治．坎農（George Cannon）的故事中，我們將看到捐款如何改變一個人的未來。

坎農是個基督徒。就他的信仰而言，他被鼓勵奉獻收入的一〇%，也就是聖經裡反覆提到的「十一奉獻」。年輕時的坎農收入不高，但他選擇採取一種不太傳統、更有助於自我成長的奉獻方式。

他奉獻的金額不是「現有收入」的一〇%，而是「期待收入」的一〇%。心理治療師溫蒂．華森．尼爾森（Wendy Watson Nelson）在一次演講中提到這個故事，她說：「當主教垂詢這位貧窮青年為何奉獻這麼一大筆錢，坎農的回答是：『主教啊，我奉獻金額的基準不是我現在賺多少錢，而是我想賺多少錢。』隔年，坎農正好賺到前一年奉獻時預估的金額！」[26]

坎農的奉獻方式並不是要交換什麼好處，**而是希望讓自己有所改變**。對他而言，奉獻不是一筆沉重的成本，而是對未來自我和與上帝關係的投資。

這種做法能夠強化自己的潛意識。他選擇預見並扮演未來的自己，不願被當下和過去所局限。他的所作所為根據的是未來的情況（就好像一切已經成真），而不是根據目前的情況。

不論在財務上、心理上、甚至是信仰上，他的這筆投資成為一股強大的推力，推動著他堅定的邁向想要的未來。當他捐出期待收入的一〇％，意味著他的祈禱與行動都是出於一個能夠賺到十倍金額的人的角度。

結果，坎農很快就變成了那個人。

我第一次聽到這個故事是在二〇一七年一月。從那之後，我就開始以更積極主動的方式來捐款做慈善。這不僅使我的收入大幅增加，也改變對自己的認同和信心。我現在相信自己能有更多的學習與成長，行事作風也變得更有彈性。我現在有更強大的信念，相信事情總能以我要的方式解決。我也更願意做出勇敢的決定。

我開始把握適當的時機，幫助有需要的人。最近有一次我搭Uber，司機是位五十幾歲的單親媽媽，自己獨力養育四個孩子。她每週工作超過六十小時，希望能讓孩子們都讀完大學。她也想完成自己的學位，但家中開銷把她壓得喘不過氣。

我決定幫她處理掉其中一筆款項，金額不過就是幾百美元。然而對她而言，這代表她可以比自己預期的早一年重回學校。

她難以置信的看著我，眼中泛出淚光。我的這份禮物竟能給她這麼大的影響，完全出乎我意料。這也讓我感到慚愧，希望自己可以更有能力來幫助更多的人。於是，這次經歷使我的潛意識得到強化，也讓未來的我得到提升。

你也應該運用慈善捐款的概念，當成強化潛意識的技巧。你付出愈多，就會變得愈有能力付出。正如馬克·漢森（Mark Victor Hansen）和羅伯特·艾倫（Robert Allen）所說明的：「『給予』所開展出的精神層面，能夠讓我們、我們的思想、我們獲得的成果都倍增……這就像一片富裕的海洋，無論你要用茶匙、用水桶、或用水車來載水都行，這片海洋絲毫不會介意。」[27]

本章小結

為了成為那個未來的你，你必須從最核心的潛意識層面改變自己。光是在腦海裡想想是不夠的，你必須實際行動並創造高峰經驗，幫助自己看到未來的那個自己、為自己打造一種全新的「正常」感覺。能夠強化意識的方式還有很多，斷食和慈善捐款只是其中兩種。

記得，能夠定義你的，不該是「過去的行動」，而應該是「未來的你會從事的那些行動」。能夠定義你的，不該是「過去的經驗」，而應該是「未來的你會創造的那些高峰經驗」。那些經歷將會使你脫胎換骨，從過去的你變成你所希望的樣子。

第六章

打造具「強迫機制」的環境

環境，
是改變自己最有力、
也最重要的工具。

每當改變環境，細胞的命運也會隨之改變。實驗開始時使用的是肌肉前驅細胞，但在另一個環境下，它們會變成骨細胞。如果我再改變條件，這些細胞又會變成脂肪細胞。實驗結果令人興奮，因為這些細胞在基因上完全相同，但最後的命運卻是由我放置這些細胞的環境所控制[1]。

——布魯斯・利普頓（Bruce Lipton）醫師

一九七九年，哈佛心理學家艾倫・蘭格（Ellen Langer）率領一群研究生，將一棟房子內部改造成一九五九年（當時的二十年前）的樣貌。裡面放著黑白電視、舊家具，以及一九五〇年代的雜誌和書籍。研究團隊邀請八位年紀大約七、八十歲的老先生，請他們在這裡住上五天[2]。

參與研究的老先生們抵達後，他們被要求一起聊聊一九五〇年代，而且連行為舉止也要像是二十年前的自己。蘭格告訴他們：「我們有充分的理由相信，如果你們照著這樣做，就會感覺身體狀態彷彿回到一九五九年。」

從那一刻起，研究人員對待這群受試者的態度就好像他們都還是五十幾歲，而不是七十幾歲。幾位老先生已經彎腰駝背，走路還得拿拐杖，但沒有人能幫他們把行李拿上樓。

研究人員告訴他們：「如果真的沒辦法，就打開行李一次拿一件襯衫上樓吧！」

接下來幾天，這群老先生就待在房子裡，一切彷彿回到一九五九年，聽的是當時的廣播、看的是當時的電影，討論著當時的運動賽事和時事。他們不可以談到任何一九五九年以後的事，提到自己、家人和工作內容時，都必須假設時間是在一九五九年。

這項研究的目的，並不是讓這些老先生重溫那段舊日時光，而是希望刺激他們的心智及身體，看看能不能讓他們的活力和生理狀態像是一個比現在年輕許多的人。

猜猜看最後結果如何？

簡單說來，就是這些人真的**變年輕了**。

他們的聽力、視力、記憶力、靈活度和食欲獲得明顯改善，就連身高、體重也增加了。這對老先生們而言實在是件好事，原本拄著拐杖、需要別人幫忙拿行李的人，短短五天卻可以自己行走、自己提行李。

蘭格和學生們相信參與者有生活自理的能力，所以刻意把他們當成一般人來對待，而不是視之為「老人」。讓他們有機會看到自己不同的樣子，就能影響他們的生理狀態。

環境的影響

你對待別人的方式會影響他們看待自己的方式；而他們看待自己的方式則會影響他們的思維、情感，以及生理狀態。這個事實有著非常重大的意義。用歌德的話來說，「你怎麼看孩子，就會怎麼對待他們；你怎麼對待他們，他們就會變成什麼樣子。」

我們通常都會遵循社會環境所賦予的角色。如果要拒絕社會文化為我們預設的角色，需要極大的意志與決心。

當人活到七、八十歲，大家並不期待他們能夠自己提行李。已經很多年都沒人在意他們的意見，他們或許已經忘了那個更強壯、更年輕、更有自信的自己。然而，當他們融入新的環境，並演出那個環境裡的角色，改變就這樣自然而然的發生了。

讓自己進入一個新的環境、和新的朋友在一起、扮演新的角色，正是能夠最快改變性格的方式（無論是好或壞）。徹底沉浸在你的新角色當中，你就能由外而內產生轉變。

說到這裡，希望我已經成功說服你，讓你相信自己的性格是動態的、不斷改變的，而且主要是取決於你身處在怎樣的環境、扮演著怎樣的角色。

英文personality（性格）一詞，是來自拉丁文的persona，指的是古代演員在劇院裡佩戴的面具，或是演員所扮演的角色。每次你戴上不同的面具、或是扮演不同的角色，就是有了不同的persona。正如莎士比亞所說：「全世界就是一個舞台，所有的男男女女不過是一些演員：他們都有下台的時候，也都有上台的時候；一個人在一生中要扮演好多角色。」[3]

想想看：**你一直都是「同一個人」嗎？**

這個問題乍聽之下可能非常奇怪，因為在你心裡，一直覺得你就是你，對吧？

但真的是這樣嗎？

在各種不同環境中，你覺得自己**真的**都一模一樣嗎？

當然不是。在某些環境裡，你可能看起來很無趣、很尷尬、很害羞；但在其他環境中，你彷彿就是世界之王。依據不同情況，表現出的那個「你」就會有所不同。

假設現在有搶匪闖進你家，你的反應和在搭飛機、在工作、在聽演唱會時一定有所不同。當你跟特定對象（例如：高中時期的老友）共處時，就可能表現出一個較年輕、較不成熟的你。有時候你會比較內向，有時候又會比較外向。

但有趣的是：隨著人慢慢變老，一般來說就會慢慢不再接觸新的狀況、經歷和環境。換言之，性格之所以會愈來愈固定不變，是因為我們不再讓自己處於新的環境。哲學家暨心理學家威廉．詹姆斯（William James）就相信，到了三十歲，一個人的性格基本上就已經完全成形固定，因為人生在這之後往往趨於例行公事，沒有什麼意料之外的事情。

雖然社會一直在迅速改變，但基本模式還是和詹姆斯的時代相去不遠。人到了三十幾歲，就很難再經歷「第一次」。童年、青少年時期，甚至到二十幾歲的時候，我們都還經歷著各式各樣的第一次：第一次親吻、第一次開車、第一次上班、第一次種大失敗、第一次搬到新城市等。但曾幾何時，我們已經讓自己「定下來」，不再擔任新的角色、不再接觸新的環境，也就不再展現出不同的自我面向。

隨著生活中充滿例行公事，在相同環境中扮演著相同角色，行為與態度都變得一點也不難預料。這正是我們認為性格會慢慢變得穩定、可預測的核心原因之一。其實並不是性格本身變得穩定，而是因為每天都待在一樣的環境、扮演著一樣的社會角色，將你鎖在習慣的模式當中。

史丹福大學心理學家李．羅斯（Lee Ross）表示：「我們會在日常生活當中看到一致性，是因為環境的影響。」羅斯進一步解釋，某個人到頭來究竟會有什麼一致的形象，決定的因素是在於環境，而不是這個人本身。「人是可預測的，這點並沒錯……但原因在於，我們看到的都是身處於環境之中的人，而他們的行為就會受到那個環境所限，也受到他們的身分角色以及與我們的關係所限。」[4]

你上一個「第一次」是什麼時候？
你上一回做出預期之外的事是什麼時候？
你上一次讓自己進入新情境、或是擔任新角色，又是什麼時候？
在你的衣櫃裡，有沒有已經放了五年以上的衣服？

針對五大人格特質（開放性、審慎性、外向性、友善性、神經質）的研究顯示，隨著年紀增長，人會愈來愈不願意接受新的經歷。他們不再去認識不同類型的人，也不再接觸新的環境、承擔新的角色。他們不再接受新的挑戰，也不再體驗新的情感。

人往往太快變老。

一個人的內心愈僵化，就愈覺得自己都是同一個人，甚至會希望自己在**任何情境中都**

是同一個人。這種狹隘的見解並沒有體認到，在不同環境中，你不但**應該**是個不同的人，甚至**必然**是個不同的人[5]。

這件事對西方人來說可能不太容易理解。西方人傾向用「原子論」（atomistic）的觀點來看世界，認為要理解某個事物（或某個人）的時候，應該排除環境的影響。這種觀點的主要原則之一，就是必須把事物從環境脈絡中抽離，才能找出它們「最根本」的特質。

正是這種原子論的世界觀，讓西方人被籠罩在一種迷戀個人特質分類的文化之中，相信性格是固定不變的，並喜愛各式各樣的性格測驗。

若希望採取比較準確、科學的觀點，就該從「關聯性」（relationally）的角度看世界[6]。從關聯性的觀點來看，對事物的理解絕不能抽離環境。因為真正決定事物意義的，正是環境脈絡與事物之間的關係。

如果你失去所愛的人，除了失去那個人之外，還會失去那個「**和他在一起的你**」。所有的失去，都會讓一部分的你隨之消逝。相對的，每當認識一個新朋友、展開一段新的關係，都會創造出一個新的自己。

我和太太蘿倫之間的關係，讓我們成為現在的我們。我眼中的那個蘿倫，必然和其他人眼中的蘿倫大不相同。當你把蘿倫放在不同環境脈絡中，就會看到不同的蘿倫。

同樣的，如果你想要了解自己，就一定得將環境脈絡納入考量。要是你在一個截然不同的時空背景中長大，那麼勢必和現在的你大不相同，有著不同的生命記憶、人際關係與人生信念。例如，你若是活在兩千年前的另一個文化之中，肯定不會滑手機滑個不停，而且喜歡的穿著風格、交友對象、生活娛樂和人生目標也絕對會完全不同。

性格會受到周遭環境的影響，這點是無可否認的。文化似乎看不見又摸不著，於是常常被忽略，但正是文化在形塑著我們的身分、行為、關係和性格。如果你一直待在一致的環境、一致的社會角色之中，慢慢的，你的性格也會看來穩定而一致。

舉例來說，有大量研究顯示，同儕及社交團體會大大影響你的行為與選擇，特別是在以下面向：

- 你的學業表現。
- 你在大學與學位上的選擇。
- 你做事情的效率。
- 你在學校或其他生活領域是否會作弊。
- 你是否會從事課外活動、是否會做不在自己分內的工作。

- 你是否會從事高風險的行為，例如：抽菸、吸毒，以及酗酒。
- 你從事犯罪行為的可能性。
- 你所做的財務決定，以及最後的財務狀況。
- 你成為企業家的機會。

同儕及社交團體會形塑你的自我認同、自我觀感，以及成為怎樣的人[7]。你會出現一些符合同儕團體文化的行為，也會在這些團體裡發展出你的角色和認同。同儕團體不僅會影響你的選擇、目標，還會影響你生活過得如何。

我和蘿倫交往期間，有一次我們和我的一群高中老同學聚會。她在聚會中看到我的另一面，是她過去完全不知道，而且坦白說是很討厭的樣子。相信我，蘿倫絕對不會和高中時期的我成為朋友，交往更是絕無可能。

一碰到那群老朋友，我立刻就變回高中時所扮演的角色、身分、以及言行模式。蘿倫就這樣看著我瞬間從跟她交往的那個班傑明，變身為高中時期的那個班傑明。這都是因為環境和角色而有了迅速的轉變。

那天晚上我們開車回家途中，蘿倫告訴我，她不喜歡剛才看到的那個我。那個班傑明令她大為震驚。我們兩個都清楚知道，過去和現在的我是兩個截然不同的人，但如果有一定的環境與角色推波助瀾，我就可能迅速變回過去的我。而我向她保證，我是把重點放在我的未來、而不是我的過去。

果不其然，研究發現環境會嚴重影響性格測驗得出的結果。以五大人格特質測驗為例，若在不同文化中進行測驗，就未必能夠發揮與歐美文化相同的效果。每種文化對性格的看法各不相同，對測驗的反應也會有所不同[8]。

研究也顯示，進行測驗時的情境也會影響測驗結果。在一項研究中，讓參與者重複做兩次相同的性格測驗，有一半參與者是由同一位研究人員施測，另一半參與者則是由不同研究人員來施測。參與研究的心理學家克里斯多福・索托表示：「最讓我感到驚訝的是，如果參與者是由同一位訪談者訪談兩次，那麼兩次的回答會相當一致……但如果是兩位不同的訪談者進行訪談，那麼兩次回答的結果就會大不相同。」[9]

根據你所處的環境，就會對自己有不同的觀感、出現不同的行為。

本章的目的，是要幫助你更有策略的選擇你的環境。除非你認真決定自己的環境，否則永遠無法成為你想要成為的人。

雖然常常是有怎樣的環境、就會造就出怎樣的人，但你必須學會設計環境來符合你所希望的結果。做到這一點，你的性格就會自然成為那個樣子。

本章會具體提出三種設計環境的基本策略：

1. 策略性提醒自己。
2. 策略性刻意忽略。
3. 安排強迫機制。

策略性提醒自己

美國畫家詹姆斯．惠斯勒（James Abbott McNeill Whistler）有一則廣為人知但不見得可信的故事：他曾經畫過一小把玫瑰，得到許多當代同行與收藏家盛讚。看了這項作品的畫家都深受啟發，也深感嫉妒，覺得惠斯勒畫那幅畫時，就像得到上帝之手的撫摸。

許多收藏家渴望擁有那幅畫，但這幅是惠斯勒畢生最佳作品，他拒絕出售。他總把它放在身邊，**不斷提醒**自己所擁有的能力。正如他所說的：

> 每當我覺得自己的手不聽使喚，或是開始懷疑自己的能力，都會看看那一小把玫瑰，告訴自己：「惠斯勒，是你畫了那幅畫，就是你的手畫了它。是你的想像力，為它構思了色彩；是你的技巧，讓玫瑰躍於畫布之上。」我知道，自己過去能做到，現在就能做到[10]。

惠斯勒是有策略的安排環境、有策略的讓自己感覺該感覺的東西、記住該記住的事情。工作檯旁的那幅畫，就像在不斷提醒他所要追求的藝術水準，啟發他從另一個角度看待自己。每當陷入沮喪失落，總能重新振奮他的靈魂。

你也該像惠斯勒那樣，策略性的幫助自己記住一些事情。你所安排的環境要能夠不斷提醒你，那個未來的你是什麼樣子。如果你的環境無法持續把那個未來的你帶到最醒目的位置，那就意味你將無法擁有想要的人生。

雖然有時候，傷痛記憶會在我們腦中縈繞數十年揮之不去；但絕大多數時候，人類其實是**無比健忘**。我們會忘了車停在哪，會忘了自己答應帶小孩去吃甜甜圈。

也有可能，我們會忘了自己人生真正想要的是什麼。我們有時候真的會變得很忙，卻只是不斷做著例行公事，忙著應付一筆又一筆的開銷。正如梅瑞迪思．威爾森（Meredith Willson）在百老匯音樂劇《歡樂音樂妙無窮》（*The Music Man*）所寫：「你堆積了足夠的明日，到頭來卻發現自己一無所有，只留下許多空白的昨日。」[11]

會安排環境來讓策略性提醒自己的，當然不只有惠斯勒。作家暨podcast主持人提摩西·費里斯（Tim Ferriss），就永遠把《大膽思考的力量》（*The Magic of Thinking Big*）的封面朝外放在書架上。在費里斯的成長過程中，這本書改變了他的人生。對現在的他而言，這本書成為一個觸發轉換的開關，能讓他想得更大膽、「玩」得更大膽。他只要一看到那個封面，就能立刻感受到自己的心態、情緒和身分有所轉變。

我們也可以用一個紀念品來警告或提醒自己到底什麼才是重要的。作家萊恩·霍利得（Ryan Holiday）口袋裡隨時放著一枚硬幣，上面寫著「Memento Mori」，意思是「記住死亡」。他想提醒自己人不免一死，應該專心在該做的事，不要分心。

至於我，為了刻意記得並活出最想要的自己，最近在家裡裝設文創公司Gapingvoid所設計的「文化牆」（Culture Wall）。你可以挑出十二個以上自己最重要的信念或期許，讓每個信念都變成一幅小小的方形畫作，在牆上形成網格。文化牆可以讓你沉浸在這些符號之中，打造出專屬於自己的「信念聖壇」。

家中的文化牆標示出我的終極理想，不僅能不斷提醒自己，同時也提醒著我的孩子們。孩子每天總會看到這面牆好幾次，我會聽到他們重複唸著牆上的話：

「做對的事，就會有對的結果。」

「先求有，再求好。」

「早上八點前的作為，決定你的人生成敗。」

「一〇〇%比九八%簡單。」

「什麼都想要，就什麼都得不到。」

「智力的衡量標準在於你做出改變的能力。」

「想像願望成真時的感覺。」

「沒有不確定性，就沒有真正的自由。」

「過去讓你取得成功的方法，未必能帶你取得未來的成功。」

「絕不要把時間浪費在當個『前ｘｘ』。」

「擁抱未來，才能改變過去。」

「感恩能讓事情改變。」

「順境裡長不出好的木材。」

「破釜沉舟前，什麼事都不會發生。」

這些是我希望自己和孩子都要永遠牢記的信念。人生熙熙攘攘，讓我們有時會忘記自己想成為怎樣的人，每當我上樓時經過文化牆，這些圖像總能再次給我提醒。

你也應該好好安排你的環境，用各種方式來提醒你想成為怎樣的人，幫助你成為那個理想的、未來的你。

對於惠斯勒來說，他所畫的絕不只是一幅玫瑰而已，而代表著極為深遠的意義與重要性。只要看著那幅畫，就能立刻改變他的自我認同和情緒，振奮精神、活力充沛、無所不能。只一眨眼的時間，他就能感受到自己的未來與目標，改變他的情境，讓他用一種更有力量的自我認同來創作藝術。

這正是「策略性提醒自己」的力量。

想打造出一個充滿意義與成長的生活，就得主動去安排、設計自己的環境，放上各種**觸發轉換的開關**。但目前大多數的環境都不是這樣，充滿的是負面的觸發開關，會讓人想起令人心煩、擺脫不去的情緒。

那不是你需要的情況。你需要的是觸發自己的未來，而不是你的過去。想像一下：你已經運用策略好好設計自己的環境，能夠隨時提醒你那個理想的未來。所謂記憶，並不只與過去有關。

然後睜開眼睛，看看自己現在周圍的環境。你是不是還掛著大學時期的演唱會海報？你擺放的藝術品、照片和其他符號，能不能推動那個「未來的你」的心態和行為？你的環境究竟是你的推力還是阻力？

如果你想真正成為那個未來的你，就需要讓環境不斷提醒那個未來的你，而不是過去的你。無法得到持續的提醒，目標就不會成為現實。所以我們才需要每天都把目標寫下來。這是為了提醒自己該往哪裡去，就像飛機一邊往前飛、一邊就需要不斷校正飛行的方向。

在你的環境裡，可以安排怎樣的觸發開關？你想把那些策略性的提醒放在哪裡？

不用把事情想得太複雜。舉例來說，你只要拿便利貼貼在汽車方向盤或浴室鏡子上，就能提醒你某些你不想忘記的事情。像是「告訴太太我愛她」。

把電腦的密碼改成未來的你會說的名言金句。

改變電視的位子，不讓電視成為家的中心。更好的選擇是直接把電視丟了，換成其他更好的東西。

刪掉手機裡所有社群媒體應用程式。

檢查衣櫃，丟掉所有未來的你不會穿的衣服。

你可以策略性的安排環境，讓周遭一切都不斷讓你想起未來最重要的志向和目標。而這也絕對是你最該做的事。

策略性刻意忽略

你接受的資訊會決定你的看法，你的看法會決定產出的成果，而產出的成果則會決定你的未來[12]。

——吉格・金克拉（Zig Ziglar）

世界上有很多垃圾。網路上多數資訊都只是低級消遣或渣滓汙穢，你根本不需要、也不想要知道。

大多數的電影毫無助益。

大多數的新聞與你無關。

大多數人與未來的你頻率不合。

世界上似乎有無窮的選項，我們也似乎擁有愈來愈多機會可以做出的**選擇**。這乍看之下是個好事，但對多數人而言其實並非如此。有更多選擇意味著需要做出更多決定，正如前面討論過的，決策疲勞會讓人陷入惡性循環。你每天遇到的多數選擇，都像是沒有終點的兔子洞，根本不會帶你去任何地方。你需要有洞察力和自信心去把多數門給關上、完全不去理會它們，而不是任由門戶洞開、不斷做出更多選擇。判斷的標準就是：

如果做出這個選擇，將讓我更接近或更遠離未來的那個自己？

如果你真心想要成功、想要改變，就不能把心思浪費在錯誤的事情上。在《只想買條牛仔褲：選擇的弔詭》（*The Paradox of Choice*）中，心理學家貝瑞・史瓦茲（Barry

Schwartz）解釋道：

人們總以為若能擁有更多選擇，就代表能有更好的選項、讓自己覺得更滿足。但實際上卻可能導致「選擇超載」（choice overload），你甚至還沒做出決定，就已經開始質疑自己的決定。選擇超載會讓你陷入「錯失恐懼」（FOMO，因擔心自己錯過什麼而感到焦慮或沮喪），總是在自己背後指指點點、質疑自己所做的決定。這樣一來，你將永遠陷在壓力之中，不斷懊惱早知道當時應該做些什麼[13]。

有選項是件好事，畢竟沒有選項就無從選擇。但是世上頂尖的決策者，卻會刻意盡可能減少選項。網路軟體公司Basecamp的創始人傑森・弗瑞德（Jason Fried）曾說：「很多事情我是刻意不去知道。我不想受到太多的影響。」[14]

人需要有足夠的自信和勇氣，才能說出：「我要這麼決定。這是我認真許下的承諾，所以我現在要放掉其他所有事。我必須集中精神，不能被其他人的噪音和雜事分心。」

如果你想認真朝著自己的人生目標邁進，就必須為自己打造出避免干擾的環境，隔絕掉大部分的世界。

策略性刻意忽略並不是要你關起心門，而是要你清楚知道自己想要什麼、清楚人很容易受外在影響而迷失方向。與其讓自己因為計劃不周而陷入麻煩、還得用上意志力才能回歸正途，還不如一開始就避開麻煩。你甚至會忍痛放棄一些眼前的好機會，因為你知道這些機會終究會干擾你對未來那個理想自己的追尋。

你要為自己畫出界限。

你要堅守自己的夢想、優先事項與價值觀。

迪亞曼迪斯是全球數一數二的創業家，他曾說：「我已經不看電視新聞了，它們無法提供我足夠的價值。」[15]在他看來，那些負面和新奇的事很容易造成誘惑。

迪亞曼迪斯說得沒錯。新聞並不客觀，而是一種選擇性注意下的觀點。看新聞的時候，你看到的只是一個故事、一種對世界的主觀看法。你可以選擇相信這個故事，但這樣一來，你的身分與目標將會受這個觀點限制。

迪亞曼迪斯是策略性選擇忽略這些新聞。他打造出一個環境，可以讓他避開新聞媒體的干擾與負面影響，同時仍然可以透過深思熟慮的研究，隨時去了解自己所關心的議題。

要當個成功又有創意的人，就需要選擇性的忽略一些事。另一個例子是賽斯・高汀（Seth Godin），他刻意完全不去看自己著作在亞馬遜得到的評論。他以前會去看，但發現這只會讓自己感到恐懼與懷疑。所以他就不再去看了。

高汀選擇性的忽略那些酸言酸語，結果反而讓他過得更好。他並不需要讓自己的心裡塞滿那些垃圾，因而混淆自我認同和目的。

選擇性刻意忽略並不是要人逃避學習。我們並不是要逃避別人的意見，而是要有足夠智慧知道哪些人或事並不值得你在意、知道該避開些什麼。

當然，高汀還是會收到關於他著作的意見回饋，但這些回饋是來自於真正有用的來源，有助於他**做得更好**。這些回饋是要幫助他繼續向前邁進，而不是只想將他擊倒在地。

迪亞曼迪斯致力推動全球變革，對他而言隨時掌握全球脈動非常重要，但他同樣只從真正有用的來源取得資訊。在他為自己打造的環境中，只有品質最佳的資訊才會來到他面前。他是策略性的隔絕那些無設性的事物。

如果你真的想成為那個未來的你，就必須採取選擇性刻意忽略。你接受的資訊會形塑你的身分、生理與性格。選擇接受不同的資訊，這一切都會隨之改變。

就心理上來說，如果你對某件事渾然不知，自然就不會被那件事所吸引。舉例來說，一旦看到桌上有盤餅乾，你就再也沒辦法完全無視它們的存在。不在事先就做好決定，就很容易會被環境擊倒。相反的，只要你讓環境裡不會出現餅乾，也就無須面對決策疲勞與意志力耗竭的問題。如果你早就知道自己不想要的東西，就不再需要浪費時間去思考。

而說到各種機會，最好能事先就準備好相關系統來處理，而不是每個決定都得自己細細考慮。舉例來說，助理和我就寫出了幾條規則，可以用來處理我們接到的邀約。只要邀約不符合條件，她就不會讓我知道，而會直接回信，溫和的告訴對方，我現在沒有心力可以處理這件事。

當然，就像特羅特餐廳所邀請的那些貧困兒童，你也希望能接觸到更新、更高檔的生活方式。想要成長與轉變，你需要意識到一些現在還沒意識到的事情。重點在於確認有什麼事情會干擾或妨害未來的你，於是得以用策略性刻意忽略來避開它們。靠著這樣的篩選，是希望自己能夠盡量只接觸到對的新事物。雖然這樣的篩選機制永遠無法完美，但你的直覺會慢慢進步，懂得如何迅速判斷並忽略生命中的干擾。

想打造出一個能夠隔絕干擾的環境，你得先知道自己想要什麼、立場為何，也需要制定系統性的規則，免得讓自己陷入一片渣滓汙穢，或是覺得手上機會太多、如同困在迷宮之中。

你需要靠著做出一個決定，好讓其他一百萬個決定都變得比較簡單、自動，或是根本無需考慮。這樣才能解除你的決策疲勞、才能讓時間精力不會被大批資訊和選擇所消磨殆盡。

如果你真心想要成為那個未來的你，就得打造一個能夠帶來策略性刻意忽略的環境。想想自己現在接收到的各種資訊中，有哪些會阻礙你成為理想的自己？

與其徒然消耗意志力來應對，你如何讓自己直接無視這些事？

你的生活有哪些層面，需要應用到策略性刻意忽略？

有沒有什麼是你現在就能做的小決定，可以減輕生活中的決策疲勞？

在你的生活中，有沒有什麼是你根本不該知道、或是不需知道的多餘資訊？（以我為例，各種運動賽事分析、明星八卦消息都是思想的干擾。）

在你的生活中，還有哪些是應該消除的干擾或誘惑？

安排強迫機制

在環境條件許可的情況下，一般人都能發揮出比平常多兩倍的實力[16]。

——威爾・杜蘭（Will Durant）

克里斯蒂娜・托西（Christina Tosi）生於俄亥俄州，從小在維吉尼亞州的春田市（Springfield）長大。她大學讀的是數學，但畢業後不知道想做什麼。媽媽要她聽聽自己心靈的聲音，於是她決定要全神貫注在烘焙與甜點。

托西搬到紐約，參加法國廚藝學院（French Culinary Institute）的烘焙藝術課程。她在高級餐廳Bouley踏出廚藝生涯的第一步，接著晉身至位於曼哈頓的wd~50餐廳，在知名主廚維利・迪弗雷納（Wylie Dufresne）手下做事。

托西非常有職業道德，令迪弗雷納大為讚賞，因此又將她推薦給另一位紐約名廚張碩浩（David Chang）。然而張碩浩雇用她不是為了烹飪或烘焙，而是要托西替他制定食安計劃，並且處理紐約市衛生局的行政管理要求。

托西後來開始把自己做的甜點帶去餐廳和員工分享。她的甜點讓所有人驚為天人，包括張碩浩。當時張碩浩餐廳的菜單上沒有甜點，他愛上了托西甜點的口味，多次堅持一定要把她的某種甜點加進餐廳菜單。可是托西太膽小害羞了，她對自己就是沒信心。

雖然如此，托西還是不斷為餐廳員工做出一道又一道獨特、美妙又可口的甜點。張碩浩知道，照這樣下去她永遠無法跨出第一步。於是某一天，張碩浩告訴她，現在給她三小時，要她做點東西出來。而不管她做了什麼，當天晚上就必須送上客人的餐桌。

張碩浩是認真的。他說：「得由我把她推下懸崖才行，否則她自己絕對無法突破。」

接下來的三個小時，托西做出一道絕妙的鮮奶油草莓酥餅。當晚的客人吃到的不只是甜點，更是獨一無二、美味無比的佳餚，讓他們大感驚豔。從那一刻起，托西就成為Momofuku Ssäm Bar的甜點師。

幾年後，到了二〇〇八年，Momofuku Ssäm Bar旁邊空出一家店面。

當年張碩浩看到托西具有滿腔的熱情、職業道德與才能，同時還看到充滿創意的托西需要有人推一把。他知道如果不繼續推她，她一定不會跨出那一步、讓夢想成真。於是張碩浩再次把托西「推下懸崖」，要她去開一家自己的店。這家名為Milk Bar的甜點店一炮而紅。到了二〇一九年，Milk Bar在北美總共有三百八十一名員工，托西也在波士頓開設她的第十六家店[17]。

如果不是張碩浩一路逼著托西追求夢想，這一切都不會成真。他給托西那三小時做出一道甜點就是一種強迫機制：打造一個情境，逼她非得要立即起身行動。

強迫機制指的是環境中的某種元素，能逼著你採取行動、取得成果。安排強迫機制，就能讓你除了「那個最好的選項」之外別無選擇。你安排好整個環境，逼自己朝理想的方向前進[18]。

而這就是在托西身上發生的事。在她的心靈深處，本來就想為更多人製作甜點。而張碩浩為她打造出一個環境，逼得她不得不把理想實現。

強迫機制可以幫你將過去的你去蕪存菁，或是除去那些原本無所不在的干擾。你要創造出一個適合「未來的你」的環境，逼自己在現在、當下就成為那個「未來的你」。

我們成長最大的阻力往往就是自己，而在生活中安排強迫機制，就能確保你不斷往理想的方向前進。強迫機制應該要訂出時間限制，才能啟動「帕金森定律」（Parkinson's law）。帕金森定律認為「工作總會自動填滿所有可用時間」，當一個任務的執行時間還餘裕，人們總是會慢下腳步只求在期限截止前完成就好。所以你要給自己定出日期，逼自己一定要在期限內交出成績，否則可能最後什麼事都沒能完成。

想為生活安插一些強迫機制，做法是要建立起一些迅速的意見回饋循環，而且這些回饋要有一定的影響力。要是得到回饋的結果不痛不癢，就等於這個強迫機制還不夠有力。像是對於托西來說，那次可能賠上的除了她的自尊，還有餐廳的聲譽，所以她的表現不只是為了自己，更是為了整個團隊及所有顧客。

像是越野摩托車或滑雪之類的極限運動，運動本身的危險性以及回饋的即時性，都會成為強大的強迫機制。越野摩托車手在超過二十一公尺的高空做後空翻，一旦失敗就可能丟掉小命。強迫機制需要最高度的專注與投入，目標是讓人進入心流、展現優異的表現[19]。

你生活中的環境都應該經過精心設計和安排，好讓你能完全投入手上的工作。你身邊應該要有人要求你交出最佳表現，否則就得等著付出昂貴的代價。

你是否真心想做出自己想要的改變？

你是否願意讓強迫機制發揮作用？

強迫機制雖然是件嚴肅的事，但也可以很有趣。事實上，這就是讓生活遊戲化，並且大幅提升你成功的動力。

最有用、也最有力的一種強迫機制，就是財務上的投資。你在某件事上花了愈多錢，就會愈堅信不疑。行為經濟學家常把這種事稱為「沉沒成本謬誤」（sunk cost bias），認為是理性出了問題。像是因為已經花錢買了票，就寧可看完一場自己並不喜歡的表演，或是做出錯誤的投資，卻寧可再加碼下去。

然而，你也可以讓這種傾向由阻力變成助力。舉例來說，我和朋友德雷花了超過八百美元報名鐵人三項。我從來沒想過要做這種事，但我們就是想要瘋一下，而且也知道要讓自己認真投入，唯一的辦法就是真的去報名。

所以，我們一咬牙就這麼幹了。我們給自己安排一套強迫機制。

接下來就是驚喜的部分了。這筆投資除了是決定的開始，也是**提升想像力**的開始。報名鐵人三項之前，我只有被動想過這件事。雖然有些朋友參加過，我也很好奇，但從來就不認真。

但等到報名繳費之後，**我滿腦子都是鐵人三項**。我開始彷彿在心中看到自己投入鐵人三項的樣子，認真練習、以及最後完賽。我開始看到自己就是個能完成鐵人三項的人。最初的投資，開始形塑我後續的行為。我買了關於耐力賽的有聲書，聽這些書來取得新知、使我得到更豐富的資訊。我搬出我的公路車，車上早已累積超過六年的灰塵。

當我心裡愈來愈關注鐵人三項，我的想像力和行為開始塑造著我的身分。而我的行為和其他資訊也開始推動這個新的身分。我在健身房的重點，也從重訓轉到有氧。

這一切都是從一項強迫機制開始。

你要怎樣才能在生活中安排更多的強迫機制，確保自己可以成為你想成為的樣子？

你又能打造怎樣的環境，能為你帶來美妙的成果？

本章小結

如果我們不去打造並控制環境，就是讓環境來打造並控制我們[20]。

——馬歇爾．葛史密斯（Marshall Goldsmith）

環境是最有力、也是最重要的性格槓桿。如果你真心想改變自己、改變生活，就必須改變環境。你接觸到怎樣的文化、怎樣的環境，就會成為怎樣的你。你接觸到怎樣的資訊、怎樣的消息，就會變成怎樣的你。你接觸吸收的一切，無論是食物、資訊、人、或是經驗，都會形塑你的樣子。

在這裡的第一步，就是要留心自己的環境，看看它如何對你造成影響。第二步則是要運用策略，刻意打造所需的環境。

你不該讓周遭環境反映出現在的你，而要反映出那個未來的你。你要讓環境像是一股把你往前推的潮水，而不是你往前的阻礙。

只要你去改變環境，隨著時間，你的一切也都會改變。你會開始有新的體驗，有新的想法與情感，結交新的朋友，出現新的行為。

你的自我認同與性格都會發生變化。

你可以選擇自己要有怎樣的性格。這不是別人硬逼你的結果。就算你從來沒有做過其他選擇，也不代表你一定要是現在這個性格[21]。

——偉恩．戴爾（Wayne Dyer）

立刻練習！

《訂做自己》我的預約單：

結論

給自己一次機會，與理想的你相遇

生活很簡單。一切事情的發生都是在成就你，而不是要折磨你[1]。

——拜倫・凱蒂（Byron Katie）

二〇〇〇年五月十九日，梅麗莎・赫爾（Melissa Hull）在位於亞利桑那州尤馬市（Yuma）的家中，先生則是出差去鳳凰城（Yuma）幾天。梅麗莎累壞了，三歲的兒子戴文（Devin）生病不舒服，一直翻來覆去睡不著。她打了很多通電話給先生，想找人幫忙照顧戴文，但總是找不著先生。

清晨五點，她四歲的兒子德魯（Drew）起床了。梅麗莎幫德魯準備早餐，看著他開始看《湯瑪士小火車》，然後開始用蠟筆畫畫。接著，她去看戴文的狀況，然後就躺在戴文身邊睡著了。她從早上五點半左右睡到大約七點半。

她一醒過來，直覺就覺得不對，一定出了什麼問題。房子太安靜了，而德魯通常很吵。梅麗莎接下來花了大約十五分鐘，在整間屋子上上下下找尋德魯的蹤跡。後來發現玻璃滑門沒關好，才意識到德魯是跑出去了。

她從自家院子的樹裡看出去，發現房屋外面的泥土路上有德魯的腳印。她循著足跡，來到附近的一條灌溉溝渠。她看到土堤被德魯踩倒的痕跡，也看到溝渠兩旁不久前濺出的水花。

她開始大聲呼救。不久後，一位邊境巡警發現了她，搜查也立刻開始。七個多小時後，他們發現德魯的遺體，離家將近十三公里。

在這七個小時之間，梅麗莎一再受到警察、先生、其他家人的詢問。所有人都想知道：

到底怎麼了？

找到德魯之後，雖然大家還是一直在問，但問題的內容變了。

你怎麼會讓這種事發生？

先生把兒子的死都怪在她身上，一個月後就搬了出去。梅麗莎的整個世界崩潰了。她的自我認同開始混亂。她不再覺得自己是個好媽媽。她討厭自己。她把德魯的死怪在自己身上。她覺得自己失去了一切：她的兒子、先生、還有自己。

她的人生跌到谷底。

痛苦太過強烈，她幾乎下不了床。她吃不下東西，也不洗澡了。白天的時候，她還是會努力照顧戴文，但除此之外就只是躺在床上。

梅麗莎的丈夫喬伊（Joey）晚上下班之後，會接戴文到他那裡陪孩子幾小時，然後再把戴文帶回梅麗莎那裡過夜。而在她孤單一人的那幾小時，梅麗莎常常會喝酒或吃止痛藥。那是最黑暗而痛苦的時刻，一切格外艱辛難熬。

意外發生幾週後，梅麗莎身邊大多數人都已經恢復正常生活。然而她心裡還是在打著一場寂靜的仗。關心她的人可以看得出來她在掙扎，卻都不知道怎樣才幫得上忙，最後只能躲著她。神職人員和心理治療師也試著幫助梅麗莎，但一切都是徒勞。

德魯過世幾個月後，某天喬伊下班來把戴文接走，這是第一次戴文晚上不會回來過夜。梅麗莎將會整晚獨自一人。她打算自殺。

她已經把過去醫師開給她的止痛藥留成一瓶。她打算把藥全吃了，再灌下一大堆酒，然後上床睡覺，希望再也不要醒來。在她看來，自殺是她能為戴文做的最好選擇，這樣他就不用看著只剩空殼的媽媽一路腐壞沉淪。

她走去廚房拿藥和喝酒的時候，看到料理檯上有一疊吊唁信。過去幾個月裡，有許多陌生人聽說她的故事，寫信寄到她的信箱裡。她打開了其中一封，是一個名叫泰瑞莎的陌生人寫來的。

泰瑞莎在信中告訴梅麗莎，自己六歲的女兒被卡車撞了，當時泰瑞莎就只是要進屋一下下。泰瑞莎告訴她，自己當初為了女兒的死而十分自責，花了很長時間才終於走出來。她也鼓勵梅麗莎，別為了已經發生的事情而怪罪自己。她告訴梅麗莎，她是個好媽媽，這只是個不幸的意外。她寫道，梅麗莎的人生仍然可以充滿著幸福快樂，但選擇權是握在梅麗莎自己手中，她必須自己做出這個選擇，而且必須是每天重覆做出這個選擇。

讀完這封信，梅麗莎徹底崩潰。她把德魯的照片緊緊抓在胸前，幾個小時不斷啜泣。過去深藏在心中的傷痛與情緒頓時傾洩而出。

這封信給了她希望。就在她最需要的那一刻，成為她人生的轉捩點。泰瑞莎就是那位有同理心的陪伴者，讓梅麗莎感覺有人聽到她的心聲、看到她的痛苦。

她把安眠藥都倒進水槽。

梅麗莎原本是想寫一封信向戴文道別，但最後她寫下的是她的歉意、再致上她的諾言。她感覺很抱歉，德魯去世的那天早上自己睡著了。她感覺很抱歉，害戴文沒有哥哥陪他長大。她感覺很抱歉，自己在德魯過世後這幾個月有這些作為，還傷心到這種程度。

至於她向戴文許下的諾言，則是會盡全力當個最好的媽媽，保證戴文的日子會過得很好，而且她也感謝戴文的存在，成為自己願意繼續嘗試、並且活在世上的原因。她還另外表達歉意，提到自己未來可能會太過依賴他，一切只因為他正是她活下去的理由。她在信中表達出自己所有的心意。

十年後，戴文十三歲，梅麗莎覺得他夠大了，於是在耶誕節那天把信給了他。雖然這十年來信一直在她手上，但她遵守筆下的所有諾言。

是泰瑞莎的來信，改變並拯救梅麗莎的性命，讓她雖然經歷人生起伏，卻仍抱著希望與目標，不斷前進。

接著，其他事情發生了。

梅麗莎把信給戴文之後不到一年，梅麗莎和喬伊得知，喬伊的助理在過去十年間挪用他們公司的款項達數百萬美元。在警察問訊的過程中，梅麗莎被告知丈夫與該位助理有染。梅麗莎驚訝得不可置信。

那天晚上回家，梅麗莎告訴喬伊自己被問了一個超扯的問題，說自己的丈夫在外面偷人。喬伊沒有看她，而是繼續盯著電視。

「是真的。」他告訴她。

在那一瞬間，梅麗莎就像是忽然想通了什麼，話就這樣出了口：

「哦！我的天哪，德魯死的時候，你是跟她在一起！」

她的整個世界就像是一下子崩潰了，那份痛苦簡直難以忍受，她徹底心碎，難以癒合。她還清楚的記得，那天早上自己一直試著要聯絡喬伊。戴文生病了，但喬伊就是始終不接電話。

結果發現，喬伊外遇的時間超過十二年。他因為自己感到罪惡與羞愧，反而去怪罪梅麗莎，把德魯的死都怪在她身上，讓她就像活在地獄之中，讓她覺得自己賤如糞土。

在接下來的十八個月裡，梅麗莎忙著處理整起盜用公款和先生外遇的法律事宜。審理接近尾聲的時候，律師告訴她：「親愛的，我執業四十年，從沒看過有你這樣經歷的人。你該把事情寫成書。」

梅麗莎一直有寫日記的習慣，而這時她想了想，決定回頭把自己的日記都看過一遍。瀏覽著過去的日記，她看到一個女孩如何應對著生命中許許多多的痛苦、困惑與創傷。讀著這些日記，以及長久以來寫日記與禱告的習慣，她感受到自己開始有所轉變。

她開始對過去有不同的看法。在她這輩子，她多半覺得自己就像個受害者，彷彿受到上帝的詛咒。但讀過這些舊日記，反思著自己的過去種種，她忽然有了不同的觀點。**她不再看到詛咒，反而感覺受到肯定**。

她在心裡告訴自己：「上帝真是信任你，我所經歷的這一切，是上帝對我的重要賞識，是祂知道我能應付，而且祂想要由我來完成。」

這是一項深遠而根本的轉變。所有人，包括你在內，如果真心希望自己有極端的改變，就必須有這樣的體認：

你的過去並不是要折磨你，而是要成就你。
生活中的一切，都成就著你。
你是幸運的人。
你從中得到許多。
你從中學到許多。

也因為你經歷這諸多苦難與挑戰，你的人生就有了強大的目的。

二〇一一年，梅麗莎得知外遇的事。二〇一四年，她開始動筆寫下自己的故事，於二

○一六年出版。她成為一個完全不同的人，再也不是那個早晨在一片寂靜的家裡醒來的那個她。

以她的話來說：「我現在是個有目標在推動我的人，我希望奉獻我的一生，協助那些覺得沒人聽到他們心聲的人。」

現在，推動梅麗莎的是她的目標使命，而不是她的「性格」。那份使命，讓她做到遠遠超出舒適圈的事。那份使命改變了她，也改變她的性格。

這些年來，她一直想聯絡上泰瑞莎，那位有同理心的陪伴者。她也在社群媒體公開發文找人，但始終毫無音訊。無論如何，是那封信給她希望，也改變她的人生。梅麗莎現在全心全意的使命，就是給那些失去希望的人帶來希望。她想分享自己的故事，讓人和自己內心深處的聲音建立聯繫。因為當初自己也是受到一封信的拯救，她現在寫出的書中故事，也正是她寫給世界的「信」。

我問梅麗莎現在的她和過去最不同的地方在哪裡？她說自己現在願意投入他人的問題之中。在還沒有經歷這一切令她宛如脫胎換骨的過程之前，即使看到別人身陷苦痛，她也只是漠然路過。她過去太忙於處理自己的問題，無法顧及別人，但現在她卻有著幫助他人的渴望。

我問梅麗莎覺得未來的自己會是什麼樣子，她告訴我，那會是一股強大、為善的力量。在她看來，未來的自己就是個無畏的信差，要散播希望與療癒的信息。她已經能看到自己在全世界鼓舞並協助許許多多的人。

我又問，經過這些年，她的故事和過去有什麼變化？她說現在只剩下無盡的感激，覺得一切事出有因。雖然自己曾經走過地獄，但她覺得現在的生活天天都無比美妙，回首過去仍然覺得值得。

最近，有一對夫妻在一場船難事故失去了女兒，梅麗莎就去和他們談談。這樣的談話成了她的日常，讓她每天都成為有同理心的陪伴者。對她來說，要不是有過去的事，這一切都不可能實現。

她熱愛自己的過去。

她熱愛自己的生活。

她和喬伊已經原諒彼此，繼續前進。當梅麗莎告訴他她想要寫書，書中會把自己的生活與婚姻全盤托出，他也完全支持。他們的家庭已經重歸美滿。

他們的未來，絕對會比過去更為光明。

他們的未來，將會繼續改變他們的過去。

接下來，該你上場了

你已經從過去一路變成現在的樣子。
但問題是，你現在打算怎麼做？
你是打算讓自己和過去的你一樣，還是要和未來的你一樣？
你要不要啟動四大槓桿，讓自己出現你所渴望的巨大變化？
你要不要讓自己持續成長，一次又一次想像著自己在未來成為一個新的自己，並且真的能做到？

本書談了許多面向，談到創傷、故事、潛意識、環境，也談到這一切因素如何讓人陷入重複而不健康的循環。我們也談到，現在對於性格有著各種無所不在的文化迷思，如果你真的這麼相信了，就只會過著平庸、「一般」的人生。

現在你已經擁有所需的工具，能夠提升自己的想像力、信念與勇氣。你已經擁有所需的工具，能夠擁抱未來、改變過去。

這整本書向你提出許多問題。請再回頭看看那些問題，並在你的日記裡回答。每天都要寫日記，用日記來想像、設計、策畫出你最天馬行空的夢想，並且最終讓夢想實現。

性格並非永恆不變，而是你的選擇。

你的性格可以出現翻天覆地的變化。過去你所夢想的生活，有可能會變得如此理所當然，成為你新的常態。等到你已經實現最瘋狂的夢想、變成那個最不可思議的「未來的你」，請你要對自己有信心，你絕對能夠再來一次，成為更美好、更成功的自己。

人生就是一間教室。

你在這裡的使命，就是要成長。

你在這裡的使命，就是要抱著信心、規劃未來。

你在這裡。

你在這裡，就是要做出選擇。

選擇權就握在你的手中。

所以，你想變成怎樣的人？

致謝

寫這本書對我而言是目前所做過最困難的事之一。我的編輯兩次延後出版日期，在長達一年的編撰過程中，總是對我充滿耐心。感謝阿德里安・札克汗（Adrian Zackheim）與整個出版團隊對我的全力支持。

非常感謝考希克・維斯瓦納（Kaushik Viswanath），在我尚未累積任何出版作品、甚至還沒有出版經紀人的時候，從我的電子書《滑流時間駭客》（*Slipstream Time Hacking*）中看出我的潛力。是你的督促，不斷推進這本書的水準。謝謝你鼓勵我保持正確清晰的思考，而且過程中從不讓我覺得自卑或無法勝任。在本書的撰寫過程中，我曾多次懷疑自己，特別是有一段撞牆期，感覺書稿根本沒有成書的可能，然而你從未顯露出一絲一毫的懷疑。也感謝海倫・希莉（Helen Healey）參與本書的編輯工作，讓我得以走到終點！

感謝蘿里・莉絲（Laurie Liss），你是一個如此美好的朋友與經紀人，在我自己渾然未覺時，就已經看到我的潛力。謝謝你讓我的作品提升到更高的水準，並在我逐漸成為專業人士的過程中充滿耐心。謝謝你和我的那些對話，以及你的愛與支持。生命有你，我充滿感激。

感謝塔克・麥克斯（Tucker Max）在書寫計劃陷入絕望之際及時協助。與你的合作，讓我的寫作能力獲得前所未有的大幅提升。你讓寫作再次變得有趣，也讓我看到如何換個角度思考、如何成為更好的作家。很高興也很榮幸有你協助編輯這本書，一路上為我提供引導。我們花費三週時間來回討論，終於交出第一份完整的初稿，那是我寫作上最快樂的時光。謝謝你成為我的良師益友。

感謝哈爾・克利福德（Hal Clifford）協助我整理全書架構和思維。本書所涵蓋的概念既廣且深，靠我自己很難做好架構。要是沒有你用不到兩週的時間協助我，我可能連一年都做不完。在我開始寫作後十個月左右，曾反覆列過並更改的目錄架構可能超過三十種，可是就是感覺哪裡怪怪的，這樣的感受令我開始找不到寫作的初衷。但是哈爾，是你讓我重新找回方向，協助我重新架構想法，讓我和麥克斯的寫作過程變得自在且愉快。再次感謝你。

感謝歐布萊恩、羅莎莉、諾曼、蘭伯特、克麗絲汀生、赫爾，願意讓我在書中寫下你們的故事。要是沒有你們的故事，這本書不會那麼真實又動人。謝謝大家讓我問了那麼多的問題。謝謝大家願意信任我，讓我看到你們脆弱的一面。

感謝羅伯特・辛克萊（Robert Sinclair）在我寫作本書的過程中，同時指導我完成克萊姆森大學（Clemson University）工業與組織心理學博士學位。雖然你很有可能不會同意書裡的諸多內容，但你對我的教誨永遠影響深遠。我曾犯過一些愚蠢的錯誤，又和學術圈格格不入，差點就要被踢出博士班，但你始終看著我一次又一次的摸索、並耐心等待我完成博士學位。事實上，我整本博士論文幾乎是和本書同時完成。要不是有你的耐心、仁慈與開明，我不可能做到這一切。謝謝你。

感謝波利許，你就是那第一片骨牌，推動我在二〇一七年之後的生命轉變。謝謝你讓我在Genius Network年會中發表演講。謝謝你給予我所有的支持與協助，你是我真正的朋友和夥伴，以及最無私的「給予者」。我知道，我們未來一定還會合作很多的E・L・F計劃，我已經等不及了！

感謝蘇利文和巴布・史密斯（Babs Smith）在我寫書的過程中耐心等待，暫時擱置我們將合寫的下一本書《誰說辦不到》（*Who Not How*）。在介紹蘇利文的紀錄片《改變規則者》（*Game Changer*）中，策略教練公司的聯合創辦人史密斯提到：「他對時間有一種不同的看法，能幫助人們找出自己的步調，而不是聽從世界強加給自己的步調。別人告訴你：『你的時間範圍就是這樣』、『你現在就得動起來』。而他會告訴你：『才不是這樣』。」我自己就親身經歷蘇利文帶給他人的激勵，謝謝你教我「十倍思維」和「一百倍合作」。期待我們共同打造二十五年合作藍圖，相信這一切將會驚天動地。

感謝里奇・諾頓（Richie Norton）、理查・艾文（Richard Paul Evans）、韋恩・貝克（Wayne Beck）、傑森・科曼（Jason Korman）、德拉・雷德芬（Draye Redfern）、查得・威拉森（Chad Willardson）、惠尼・畢肖普（Whitney Bishop）、奧布里・雷丁頓（Aubrey Luddington）、艾瑞克・麥基賓（Eric McKibbin）、艾倫與琳達・伯恩斯（Alan &Linda Burns）伉儷、羅斯與克里西・阿雷德（Ross &Krissi Allred）伉儷，以及在我個人生活和專業工作上有著緊密往來的所有人。感謝大家的愛與支持，這對我有無上的意義！

感謝岳父母，願意給「白色性格」者一個機會，讓我娶了你們的女兒。你們在我築夢的路上始終給予愛與支持，不論在情感或經濟上，你們的愛都是讓我達到現有成就不可或缺的動力。謝謝你們，成為我生命中如此美好的人。喜歡與你們的每一次交流。

還要感謝我自己的父母：菲利浦・哈迪（Philip Hardy）與蘇珊・奈特（Susan Knight）。謝謝你們成為我的父母，把我帶到這個世界。你們無條件的愛我，始終支持我的目標與夢想。你們一直是我最好的朋友、最堅強的啦啦隊。謝謝你們所教我的一切，以及至今仍未停歇的教導。謝謝特雷弗（Trevor）和雅各布（Jacob），你們是我最愛的弟弟，以及最真摯的夥伴。謝謝你們對我這個哥哥的同情與耐心，特別是在我們生命最艱難的時刻。當時我沒有做得很好，但回首當初，我想我們都對過去有更深的了解與同理。我永遠愛你們。

感謝蘿倫，謝謝你成為我的妻子。很珍惜我們一起度過無數個夜晚，一起熬夜、或是一起旅行。你在我們生命中創造並維護秩序，成為我生命堅定的基石。謝謝你對我的信任、關愛、慷慨、體貼與耐心。我對你的愛與日俱增，我希望自己能成為值得你託付的人，成為那個你眼中的我。感謝凱勒、喬丹、羅根、佐拉和菲碧，謝謝你們成為我的孩子。你們為我的生活帶來充沛的靈感與動力，也總是對我這個不完美的父親充滿耐心。我非常愛你們，能成為你們的父親真的很幸福，是你們讓我想要每天都變得更好。

另外還要感謝天上的父母，謝謝祢們賜予我生命，以及所做的一切，並給予我這些經歷，讓我感受到學習與改變的可能。我知道我確實是祢們的孩子，也知道我有能力終有一天向祢們看齊。祢們一直和我同在、不時引導著我，為我的一生帶來各種祝福。祢們改變了我的過去，同時引導著我的未來。

註解

卷首語

1. Paul Gardner quoted in " 'A Painting Is Never Finished— It Simply Stops in Interesting Places'—Paul Gardner," British International School Hanoi, October 10, 2014, nordangliaeducation.com/en/our-schools/vietnam/hanoi/bis/article/2014/10/10/a-painting-is-never-finished-it-simply-stops-in-interesting-places--paul-gardner.

前言：想改頭換面，請忘掉愚蠢的性格測驗

1. Taylor Hartman, *The People Code: It's All About Your Innate Motive* (New York: Simon & Schuster, 2007).
2. Jacob Kastrenakes, "Facebook Bans Personality Quizzes After Cambridge Analytica Scandal," *The Verge*, April 25, 2019, theverge.com/2019/4/25/18516608/facebook-personality-quiz-ban-cambridge-analytica.
3. Nathan W. Hudson and R. Chris Fraley, "Volitional Personality Trait Change: Can People Choose to Change Their Personality Traits?," *Journal of Personality and Social Psychology* 109, no. 3 (2015): 490.

4. Carl Hoefer, "Causal Determinism," in *Stanford Encyclopedia of Philosophy,* ed. Edward N. Zalta, plato.stanford.edu/entries/determinism-causal/; Kadri Vihvelin, "Arguments for Incompatibilism," in ibid., plato.stanford.edu/entries/incompatibilism-arguments/.
5. Jordi Quoidbach, Daniel T. Gilbert, and Timothy D. Wilson, "The End of History Illusion," *Science* 339, no. 6115 (2013): 96-98.
6. Viktor E. Frankl, *Man's Search for Meaning* (New York: Simon & Schuster, 1985).
7. David R. Hawkins, *Power vs. Force: The Hidden Determinants of Human Behavior* (Carlsbad, CA: Hay House, 2013).
8. J. K. Rowling, *Harry Potter and the Chamber of Secrets* (London: Bloomsbury, 2015; originally published 1998).
9. Carol S. Dweck, *Mindset: The New Psychology of Success* (New York: Random House Digital, 2008).
10. William Shakespeare, *The Tempest,* act 2, scene 1.
11. Ashlee Vance, *Elon Musk: Tesla, SpaceX, and the Quest for a Fantastic Future* (New York: HarperCollins, 2015).
12. Robert M. Pirsig, *Zen and the Art of Motorcycle Maintenance: An Inquiry into Values* (New York: Random House, 1999; originally published 1974).

第一章：過去的你，被性格迷思困住

1. Daniel Gilbert, "The Psychology of Your Future Self," TED Talk, March 2014, ted.com/talks/dan_gilbert_you_are_always_changing.
2. "Hero Mountain Climber Visits British High Commission," Diplomatic News Agency (DNA), August 15, 2017, dnanews.com.pk/hero-mountain-climber-visits-british-high-commission/.
3. "Mountaineering," *Guinness Book of World Records 2017* (pdf), vobonline.com/wp-content/uploads/2016/12/GWR17.pdf.
4. Gilbert, "The Psychology of Your Future Self."
5. Carl Jung, *Psychological Types* (New York: Routledge, 2016; originally published 1921).
6. Merve Emre, *The Personality Brokers: The Strange History of Myers-Briggs and the Birth of Personality Testing* (New York: Doubleday, 2018).
7. Emma Goldberg, "Personality Tests Are the Astrology of the Office," *The New York Times,* September 17, 2019, nytimes.com/2019/09/17/style/personality-tests-office.html.
8. Adam Grant, "Goodbye to MBTI, the Fad That Won't Die," *Psychology Today*, September 19, 2013, psychologytoday.com/us/blog/give-and-take/201309/goodbye-mbti-the-fad-won-t-die.
9. Adam Grant, "Say Goodbye to MBTI, the Fad That Won't Die"; Michael Moffa, "A Critique of The Myers Briggs Type Indicator (MBTI)—Part I: One Expert's Review," Recruiter, April 1, 2011, recruiter.com/i/

critique-of-the-myers-briggs-type-indicator-critique/.

10. Paul Graham, “Keep Your Identity Small,” paulgraham.com, February 2009, paulgraham.com/identity.html.
11. William R. Miller and Stephen Rollnick, *Motivational Interviewing: Preparing People to Change Addictive Behavior* (New York: Guilford Press, 2002).
12. Ellen J. Langer, *The Power of Mindful Learning* (Boston: Lifelong Books/A Merloyd Lawrence Book, 2016). -personality-test-anxiety.html.
13. Kate Rogers quoted in Theresa Fisher, “I Have Personality Test Anxiety,” *Woolly,* woollymag.com/feelings/i-have-personality-test-anxiety.html.
14. Goldberg, “Personality Tests Are the Astrology of the Office.”
15. Lewis R. Goldberg, “An Alternative ‘Description of Personality’: The Big-Five Factor Structure,” *Journal of Personality and Social Psychology* 59, no. 6 (1990): 1216.
16. Daniel Heller, Wei Qi Elaine Perunovic, and Daniel Reichman, “The Future of Person–Situation Integration in the Interface Between Traits and Goals: A Bottom-up Framework,” *Journal of Research in Personality* 43, no. 2 (2009): 171-78.
17. Daniel J. Ozer and Veronica Benet-Martinez, “Personality and the Prediction of Consequential Outcomes,” *Annual Review of Psychology* 57 (2006): 401-21.
18. Nathan W. Hudson and Brent W. Roberts, “Goals to Change Personality Traits: Concurrent Links Between Personality Traits, Daily Behavior, and Goals to Change Oneself,” *Journal of Research in Personality* 53

(2014): 68-83.

19. Nathan W. Hudson and R. Chris Fraley, "Volitional Personality Trait Change: Can People Choose to Change Their Personality Traits?," *Journal of Personality and Social Psychology* 109, no. 3 (2015): 490.

20. Christopher J. Soto, "Is Happiness Good for Your Personality? Concurrent and Prospective Relations of the Big Five with Subjective Well-Being," *Journal of Personality* 83, no. 1 (2015): 45–55; Jule Specht, Boris Egloff, and Stefan C. Schmukle, "Examining Mechanisms of Personality Maturation: The Impact of Life Satisfaction on the Development of the Big Five Personality Traits," *Social Psychological and Personality Science* 4, no. 2 (2013): 181-89.

21. Victor Hugo, *Les Misérables* (Paris: Librairie internationale A. Lacroix, Verboeckhoven, et Cie, 1862).

22. Mathew A. Harris, Caroline E. Brett, Wendy Johnson, and Ian J. Deary, "Personality Stability from Age 14 to Age 77 Years," *Psychology and Aging* 31, no. 8 (2016): 862.

23. Jordi Quoidbach, Daniel T. Gilbert, and Timothy D. Wilson, "The End of History Illusion," *Science* 339, no. 6115 (2013): 96-98.

24. Dallin H. Oaks, "Where Will This Lead?," Church of Jesus Christ of Latter-day Saints, churchofjesuschrist.org/study/general-conference/2019/04/35oaks.

25. Hal E. Hershfield, "The Self over Time," *Current Opinion in Psychology* 26 (2019): 72-75.

26. Malcolm Gladwell, *Revisionist History* podcast, revisionisthistory.com/seasons.

27. Carl Hoefer, "Causal Determinism," in *Stanford Encyclopedia of Philosophy,* ed. Edward N. Zalta, plato.

stanford.edu/entries/determinism-causal/; Kadri Vihvelin, “Arguments for Incompatibilism,” in ibid., plato.stanford.edu/entries/incompatibilism-arguments/.

28. BoxOfficeMojo.com on film version of *I Hope They Serve Beer in Hell,* boxofficemojo.com/release/rl140215809/.

29. Tom Bilyeu, “How to Totally Reinvent Yourself | Tucker Max on Impact Theory,” YouTube, January 9, 2018, youtube.com/watch?v= RJaczGjkS3w.

30. Michael Ellsberg, “Tucker Max Gives Up the Game: What Happens When a Bestselling Player Stops Playing?,” *Forbes*, January 18, 2012, forbes.com/sites/michaelellsberg/2012/01/18/tucker-max-gives-up-the-game/#e700de1758dd.

31. Brent D. Slife, *Time and Psychological Explanation* (Albany: SUNY Press, 1993).

32. Saadi Shirazi, *The Gulistan, or, Rose Garden of Sa'Di*(London: George Allen & Unwin, 1964).

33. Marcel Proust, *La Prisonnière* (Paris: Le Livre de Poche, 2011; originally published 1923).

34. Cal Newport, *So Good They Can't Ignore You: Why Skills Trump Passion in the Quest for Work You Love* (New York: Grand Central Publishing, 2012).

35. Jerome S. Bruner, *On Knowing: Essays for the Left Hand,* 2nd ed. (Cambridge, MA: Belknap Press of Harvard University Press, 1979).

36. Todd B. Kashdan and Jonathan Rottenberg, “Psychological Flexibility as a Fundamental Aspect of Health,” *Clinical Psychology Review* 30, no. 7 (2010): 865-78.

37. Clayton Christensen, *How Will You Measure Your Life?* (New York: Harper Business, 2012).

38. Taylor Lorenz, "Teens Are Protesting InClass Presentations," *Atlantic,* September 12, 2018, theatlantic.com/education/archive/2018/09/teens-think-they-shouldnt-have-to-speak-in-front-of-the-class/570061/.

39. Adam Grant, "USU 2017 Commencement Speech—Dr. Adam Grant," YouTube, May 12, 2017, youtube.com/watch?v= YJeLTHsbSug.

第二章：現在的你，必須了解的性格真相

1. Paul Arden, *It's Not How Good You Are, It's How Good You Want to Be* (New York: Phaidon, 2003).

2. Plato, *Euthyphro, Apology of Socrates, and Crito,* ed. John Burnet (Oxford: Clarendon Press, 1977).

3. Patrick Cole, "David Bouley, Charlie Trotter to Cook for Disabled Kids," *Bloomberg*, May 30, 2012, bloomberg.com/news/articles/2012-05-31/david-bouley-charlie-trotter-to-cook-for-disabled-kids.

4. David Brooks, "The Man Wishes He Were Here." *The New York Times*, August 29, 2019, nytimes.com/2019/08/29/opinion/jim-mattis-trump.html.

5. Colin Wilson, *New Pathways in Psychology: Maslow and the Post-Freudian Revolution* (London: Victor Gallancz, 1972).

6. Albert Einstein quoted in Alice Calaprice, *The Expanded Quotable Einstein* (Princeton, NJ: Princeton University Press, 2000).

7. Thomas Suddendorf, Melissa Brinums, and Kana Imuta, “Shaping One’s Future Self—The Development of Deliberate Practice,” in *Seeing the Future: Theoretical Perspectives on Future-Oriented Mental Time Travel,* ed. Kourken Michaelian, Stanley B. Klein, and Karl K. Szpunar, 343–66 (New York: Oxford University Press, 2016).
8. Matthew McConaughey, “Matthew McConaughey Winning Best Actor,” YouTube, March 11, 2014, youtube.com/watch?v=wD2cVhC-63I.
9. Hal Elrod, *The Miracle Equation: The Two Decisions That Move Your Biggest Goals from Possible, to Probable, to Inevitable* (New York: Harmony Books, 2019).
10. Peter Thiel with Blake Masters, *Zero to One: Notes on Startups, or How to Build the Future* (New York: Broadway Business, 2014).
11. Wendelien Van Eerde and Henk Thierry, “Vroom’s Expectancy Models and Work-Related Criteria: A Meta-analysis,” *Journal of Applied Psychology* 81, no. 5 (1996): 575.
12. C. R. Snyder, Kevin L. Rand, and David R. Sigmon, “Hope Theory: A Member of the Positive Psychology Family,” in *Handbook of Positive Psychology,* ed. C. R. Snyder and Shane Lopez, 257–76 (New York: Oxford University Press, 2002).
13. Jim Dethmer, Diana Chapman, and Kaley Klemp, *The 15 Commitments of Conscious Leadership: A New Paradigm for Sustainable Success* (Conscious Leadership Group, 2015).
14. John Assaraf. Retrieved in December 2019 at lewishowes.com/podcast/john-assaraf/.
15. Roy F. Baumeister and John Tierney, *Willpower: Rediscovering the Greatest Human Strength* (New York:

Penguin, 2012).

16. Abraham H. Maslow, "Peak Experiences as Acute Identity Experiences," *American Journal of Psychoanalysis* 21, no. 2 (1961): 254-62.
17. Abraham H. Maslow, *Religions, Values, and PeakExperiences* (Columbus: Ohio State University Press, 1964).
18. Ellen J. Langer, *The Power of Mindful Learning* (Boston: Lifelong Books/A Merloyd Lawrence Book, 2016; originally published 1997).
19. Daphna Shohamy, "Learning from Experience: How Our Brains Remember the Past and Shape Our Future," YouTube, April 7, 2016, youtube.com/watch?v=vCPtpXaH5Zw.
20. R. N. Carlton, "Fear of the Unknown: One Fear to Rule Them All?," *Journal of Anxiety Disorders* 41 (2016): 5-21.
21. G. Elliott Wimmer, Erin Kendall Braun, Nathaniel D. Daw, and Daphna Shohamy, "Episodic Memory Encoding Interferes with Reward Learning and Decreases Striatal Prediction Errors," *Journal of Neuroscience* 34, no. 45 (2014): 14901-12.
22. Suddendorf, Brinums, and Imuta, "Shaping One's Future Self."
23. Philip C. Watkins, Kathrane Woodward, Tamara Stone, and Russell L. Kolts, "Gratitude and Happiness: Development of a Measure of Gratitude, and Relationships with Subjective Well-Being," *Social Behavior and Personality: An International Journal* 31, no. 5 (2003): 431-51.

24. Laura Redwine et al., “A Pilot Randomized Study of a Gratitude Journaling Intervention on HRV and Inflammatory Biomarkers in Stage B Heart Failure Patients,” *Psychosomatic Medicine* 78, no. 6 (2016): 667.
25. Joe Burrow, interview with ESPN, January 6, 2020, youtube.com/watch?v=O-CJBHcAUOM.

第三章：擺脫心底創傷的羈絆

1. Bessel van der Kolk, *The Body Keeps the Score: Brain, Mind, and Body in the Healing of Trauma* (New York: Penguin, 2015).
2. Steven Pressfield, *The War of Art: Break Through the Blocks and Win Your Inner Creative Battles* (New York: Black Irish Entertainment LLC, 2002).
3. Jennifer Ruef, “Think You’re Bad at Math? You May Suffer from ‘Math Trauma,’ ” *The Conversation*, November 1, 2018, theconversation.com/think-youre-bad-at-math-you-may-suffer-from-math-trauma-104209.
4. Van der Kolk, *The Body Keeps the Score*.
5. Carol S. Dweck, *Mindset: The New Psychology of Success* (New York: Random House Digital, 2008).
6. Benzion Chanowitz and Ellen J. Langer, “Premature Cognitive Commitment,” *Journal of Personality and Social Psychology* 41, no. 6 (1981): 1051.
7. 同註5。

8. Robert Brault, *Round Up the Usual Subjects: Thoughts on Just About Everything* (CreateSpace, 2014).
9. Gabor Maté, *In the Realm of Hungry Ghosts: Close Encounters with Addiction* (Berkeley, CA: North Atlantic Books, 2011).
10. Michael Singer, *The Untethered Soul: The Journey Beyond Yourself* (Oakland, CA: New Harbinger Publications, 2007).
11. Kobe Bryant, *The Mamba Mentality: How I Play* (New York: MCD, 2018).
12. Joe Dispenza, "How to Unlock the Full Potential of Your Mind | Dr. Joe Dispenza on Impact Theory," YouTube, June 12, 2018, youtube.com/watch?v=La9oLLoI5Rc.
13. Peter A. Levine and Ann Frederick, *Waking the Tiger: Healing Trauma* (Berkeley, CA: North Atlantic Books, 1997).
14. National Sexual Violence Resource Center, "Statistics About Sexual Violence," nsvrc.org/sites/default/files/publications_nsvrc_factsheet_media-packet_statistics-about-sexual-violence_0.pdf.
15. Quoted in *Reader's Digest* 37, no. 221 (September 1940): 84.
16. Joan Frances Casey and Lynn I. Wilson,*The Flock: The Autobiography of a Multiple Personality* (New York: Ballantine, 1992).
17. Tim Ferriss, "Lisa Ling—Exploring Subcultures, Learning to Feel, and Changing Perception (#388)," *Tim Ferriss Blog,* tim.blog/2019/09/26/lisa-ling/.
18. Henry Eyring, "Try, Try, Try," Church of Jesus Christ of Latter-day Saints, churchofjesuschrist.org/study/

general-conference/2018/10/try-try-try.

19. David L. Cooperrider and Diana Kaplin Whitney, *Appreciative Inquiry: A Positive Revolution in Change* (San Francisco, CA: Berrett-Koehler, 2005).

第四章：重新改寫你的故事

1. Gordon Livingston, *Too Soon Old, Too Late Smart: Thirty True Things You Need to Know Now* (Boston: Lifelong Books, 2009).
2. Buzz Aldrin and Ken Abraham, *Magnificent Desolation: The Long Journey Home from the Moon* (New York: Three Rivers Press, 2010).
3. “The Jump: Rachel Nichols Interviews Giannis Antetokounmpo,” YouTube, July 22, 2019, youtube.com/watch?v=e3yh284Fkok.
4. Dan Sullivan and Catherine Nomura, *The Laws of Lifetime Growth: Always Make Your Future Bigger Than Your Past* (Oakland, CA: Berrett-Koehler, 2016).
5. Roy F. Baumeister, *Meanings of Life* (New York: Guilford Press, 1991).
6. Crystal L. Park, “Making Sense of the Meaning Literature: An Integrative Review of Meaning Making and Its Effects on Adjustment to Stressful Life Events,” *Psychological Bulletin* 136, no. 2 (2010): 257.
7. Stephen R. Covey, *The 7 Habits of Highly Effective People: Powerful Lessons in Personal Change* (New

York: Simon & Schuster, 2004; originally published 1989).

8. Alicia A. Grandey, "Emotional Regulation in the Workplace: A New Way to Conceptualize Emotional Labor," *Journal of Occupational Health Psychology* 5, no. 1 (2000): 95.
9. Dan P. McAdams and Kate C. McLean, "Narrative Identity," *Current Directions in Psychological Science* 22, no. 3 (2013): 233-38.
10. Dan Sullivan, *The Gap and the Gain,* Strategic Coach, now.strategiccoach.com/the-gap-and-the-gain-ebook.
11. Russell Baker, *Growing Up* (New York: RosettaBooks, 2011; originally published 1982).
12. Livingston, *Too Soon Old, Too Late Smart.*
13. D. J. Bridge and K. A. Paller, "Neural Correlates of Reactivation and Retrieval-Induced Distortion," *Journal of Neuroscience* 32, no. 35 (2012): 12144-51.
14. Kamal Ravikant, *Love Yourself Like Your Life Depends on It*(CreateSpace, 2012).
15. Clayton Christensen, *How Will You Measure Your Life?* (New York: Harper Business, 2012).
16. Paul Arden, *It's Not How Good You Are, It's How Good You Want to Be* (New York: Phaidon, 2003).
17. Lin-Manuel Miranda, Alex Lacamoire, and Ron Chernow, *Hamilton: An American Musical* (Atlantic Recording Corporation, 2015).

第五章：用實際行動強化潛意識

1. John E. Sarno, *Healing Back Pain: The Mind-Body Connection* (New York: Warner Books, 1991).
2. Bessel van der Kolk, *The Body Keeps the Score: Brain, Mind, and Body in the Healing of Trauma* (New York: Penguin, 2015).
3. Steven Cole quoted in David Dobbs, “The Social Life of Genes,” *Pacific Standard*, September 3, 2013, psmag.com/social-justice/the-social-life-of-genes-64616.
4. Candace B. Pert, *Molecules of Emotion: Why You Feel the Way You Feel* (New York: Simon & Schuster, 1997).
5. Joe Dispenza, *Breaking the Habit of Being Yourself: How to Lose Your Mind and Create a New One* (Carlsbad, CA: Hay House, 2012).
6. Gay Hendricks, *The Big Leap: Conquer Your Hidden Fear and Take Life to the Next Level* (New York: HarperCollins, 2009).
7. Candice Pert, “Your Body Is Your Subconscious Mind” (audio CD) (Louisville, CO: Sounds True, 2004).
8. Sarno, *Healing Back Pain.*
9. Steven Ray Ozanich, *The Great Pain Deception: Faulty Medical Advice Is Making Us Worse,* 1st ed. (Warren, OH: Silver Cord Records, 2011).
10. Van der Kolk, *The Body Keeps the Score.*
11. Benjamin Franklin in Tryon Edwards (ed.), *A Dictionary of Thoughts* (Detroit, MI: F. B. Dickerson Co.,

1907), 339.

12. "Dr. Cinque's Facts about Fasting." Retrieved in December 2019 at drcinque.com/facts.html.

13. J. L. Chan, J. E. Mietus, Mietus, P. M. Raciti, L. Goldberger, and C. S. Mantzoros, "Short-term Fasting-induced Autonomic Activation and Changes in Catecholamine Levels Are Not Mediated by Changes in Leptin Levels in Healthy Humans," *Clinical Endocrinology* 66, no. 1 (2006): 49-57.

14. B. Martin, M. P. Mattson, and S. Maudsley, "Caloric Restriction and Intermittent Fasting: Two Potential Diets for Successful Brain Aging," *Ageing Research Reviews* 5, no. 3 (2006): 332-53.

15. B. D. Horne, C. Bartholomew, J. L. Anderson, H. T. May, K. U. Knowlton, T. L. Bair, and J. B. Muhlestein, "Intermittent Fasting Lifestyle and Human Longevity in Cardiac Catheterization Populations," *Circulation* 140, no. suppl_1 (2019): A11123.

16. R. Singh, S. Manchanda, T. Kaur, S. Kumar, D. Lakhanpal, S. S. Lakhman, and G. Kaur, "Middle Age Onset Short-Term Intermittent Fasting Dietary Restriction Prevents Brain Function Impairments in Male Wistar Rats," *Biogerontology* 16, no. 6 (2015): 775-88.

17. J. B. Johnson, W. Summer, R. G. Cutler, B. Martin, D-H Hyun, V. D. Dixit, M. Pearson, M. Nassar, R. Tellejohan, S. Maudsley, O. Carlson, S. John, D. R. Laub, and M.R. Mattson, "Alternate Day Calorie Restriction Improves Clinical Findings and Reduces Markers of Oxidative Stress and Inflammation in Overweight Adults with Moderate Asthma," *Free Radical Biology and Medicine* 42, no. 5 (2007): 665-74.

18. A. Michalsen, F. Schlegel, A. Rodenbeck,R. Lüdtke, G. Huether, H. Teschler, and G. J. Dobos, "Effects of

Short-Term Modified Fasting on Sleep Patterns and Daytime Vigilance in Non-Obese Subjects: Results of a Pilot Study," *Annals of Nutrition and Metabolism* 47, no. 5 (2003): 194-200.

19. Á. Fontán-Lozano, J. L. Sáez-Cassanelli, M. C. Inda, M. de los Santos-Arteaga, S. A. Sierra-Domínguez, G. López-Lluch, G., and Á. M. Carrión, "Caloric Restriction Increases Learning Consolidation and Facilitates Synaptic Plasticity Through Mechanisms Dependent on NR2B Subunits of the NMDA Receptor," *Journal of Neuroscience* 27, no. 38 (2007): 10185-95.
20. T. L. Horvath and S. Diano, "The Floating Blueprint of Hypothalamic Feeding Circuits," *Nature Reviews Neuroscience* 5, no. 8 (2004): 662-67.
21. Gladwell, Malcom, *The Tim Ferriss Show Transcripts*: Malcolm Gladwell (#168). Retrieved December 2019 at tim.blog/2018/06/01/the-tim-ferriss-show-transcripts-malcolm-gladwell/.
22. Rabbi Daniel Lapin, *Thou Shall Prosper: Ten Commandments for Making Money* (Hoboken, NJ: John Wiley & Sons, 2009).
23. W. T. Harbaugh, U. Mayr, and D. R. Burghart, "Neural Responses to Taxation and Voluntary Giving Reveal Motives for Charitable Donations," *Science* 316 (5831): 1622-25.
24. E. W. Dunn, L. B. Aknin, and M. I. Norton, "Spending Money on Others Promotes Happiness," *Science* 319, no. 5870 (2008): 1687-88.
25. Shawn Achor, *The Happiness Advantage: The Seven Principles That Fuel Success and Performance at Work* (London: Virgin, 2011).

26. Wendy Watson Nelson, "Becoming the Person You Were Born to Be," Church of Jesus Christ of Latter-day Saints, January 10, 2016, churchofjesuschrist.org/broadcasts/article/worldwide-devotionals/2016/01/becoming-the-person-you-were-born-to-be?lang=eng.
27. Mark Victor Hansen and Robert G. Allen, *The One Minute Millionaire: The Enlightened Way to Wealth* (New York: Three Rivers Press, 2009).

第六章：打造具「強迫機制」的環境

1. Bruce H. Lipton, *The Biology of Belief: Unleashing the Power of Consciousness, Matter and Miracles* (Carlsbad, CA: Hay House, 2005).
2. Ellen J. Langer, *Counterclockwise: Mindful Health and the Power of Possibility* (New York: Ballantine, 2009).
3. William Shakespeare, *As You Like It,* act 2, scene 7.
4. Lee Ross and Richard E. Nisbett, *The Person and the Situation: Perspectives of Social Psychology* (London: Pinter & Martin, 2011; originally published 1991).
5. Brent D. Slife and Bradford J. Wiggins, "Taking Relationship Seriously in Psychotherapy: Radical Relationality," *Journal of Contemporary Psychotherapy* 39, no. 1 (2009): 17.
6. Brent D. Slife, "Taking Practice Seriously: Toward a Relational Ontology," *Journal of Theoretical and*

Philosophical Psychology 24, no. 2 (2004): 157; Brent D. Slife and Frank C. Richardson, "Problematic Ontological Underpinnings of Positive Psychology: A Strong Relational Alternative," *Theory and Psychology* 18, no. 5 (2008): 699-723.

7. Gina Tomé et al., "How Can Peer Group Influence the Behavior of Adolescents: Explanatory Model," *Global Journal of Health Science* 4, no. 2 (2012): 26.

8. Rachid Laajaj et al., "Challenges to Capture the Big Five Personality Traits in Non-WEIRD Populations," *Science Advances* 5, no. 7 (2019): eaaw5226.

9. Christopher Soto, "The Famous Big 5 Personality Test Might Not Reveal the True You," NPR, July 10, 2019, npr.org/sections/goatsandsoda/2019/07/10/740214086/the-famous-big-5-personality-test-might-not-reveal-the-true-you.

10. James Whistler quoted in Sterling W. Sill, "Great Experiences," Church of Jesus Christ of Latter-day Saints, churchofjesuschrist.org/study/general-conference/1971/04/great-experiences.

11. Meredith Willson, *The Music Man* (1957).

12. Zig Ziglar, *Goals* (New York: Simon & Schuster Audio, 1995).

13. Barry Schwartz, *The Paradox of Choice: Why More Is Less* (New York: Ecco, 2004).

14. Tim Ferriss, "Jason Fried—How to Live Life on Your Own Terms (#329)," *Tim Ferriss Blog*, tim.blog/2018/07/23/jason-fried/.

15. Peter Diamandis, "What the News Media Won't Tell You About Global Violence," diamandis.com/blog/

what-the-news-media-wont-tell-you-about-global-violence.

16. Will Durant and Ariel Durant, *The Lessons of History* (New York: Simon & Schuster, 2012; originally published 1968).

17. Christina Tosi, *Chef's Table,* Netflix, www.netflix.com/title/80007945.

18. Herman J. Damveld, Gijs C. Beerens, Marinus M. Van Paassen, and Max Mulder, "Design of Forcing Functions for the Identification of Human Control Behavior," *Journal of Guidance, Control, and Dynamics* 33, no. 4 (2010): 1064-81.

19. Steven Kotler, *The Rise of Superman: Decoding the Science of Ultimate Human Performance* (New York: Houghton Mifflin Harcourt, 2014).

20. Marshall Goldsmith and Mark Reiter, *Triggers: Creating Behavior That Lasts—Becoming the Person You Want to Be* (New York: Crown Business, 2015).

21. Wayne W. Dyer, *Your Erroneous Zones* (audio) (New York: Funk & Wagnalls, 1976).

結論：給自己一次機會，與理想的你相遇

1. Byron Katie and Stephen Mitchell, *Loving What Is: How Four Questions Can Change Your Life* (New York: Random House, 2008).

國家圖書館出版品預行編目(CIP)資料

訂做自己：激發改變性格的天賦，擺脫過去，重新成為理想的你／班傑明．哈迪（Benjamin Hardy）著；林俊宏譯. -- 第二版. -- 臺北市：遠見天下文化出版股份有限公司，2024.02

336面；14.8×21公分. --（財經企管；BCB827）

譯自：Personality Isn't Permanent: Break Free from Self-Limiting Beliefs and Rewrite Your Story

ISBN 978-626-355-608-9（平裝）

1. CST：個性心理學 2. CST：性格 3. CST：自我實現

173.7 112022284

財經企管 BCB827

訂做自己

激發改變性格的天賦，擺脫過去，重新成為理想的你

Personality Isn't Permanent: Break Free from Self-Limiting Beliefs and Rewrite Your Story

（原書名：我的性格，我決定）

作者 — 班傑明·哈迪（Benjamin Hardy）
譯者 — 林俊宏

總編輯 — 吳佩穎
財經館總監 — 陳雅如
責任編輯 — Jin Huang（第一版）
楊孟菁（第二版）
封面設計 — 職日設計

出版者 — 遠見天下文化出版股份有限公司
創辦人 — 高希均、王力行
遠見・天下文化・事業群　董事長 — 高希均
事業群發行人／CEO — 王力行
天下文化社長 — 王力行
天下文化總經理 — 鄧瑋羚
國際事務開發部兼版權中心總監 — 潘欣
法律顧問 — 理律法律事務所陳長文律師
著作權顧問 — 魏啟翔律師
社址 — 台北市 104 松江路 93 巷 1 號
讀者服務專線 —（02）2662-0012 ｜ 傳真 —（02）2662-0007；（02）2662-0009
電子郵件信箱 — cwpc@cwgv.com.tw
直接郵撥帳號 — 1326703-6 號　遠見天下文化出版股份有限公司

電腦排版 — 綠貝殼資訊有限公司
製版廠 — 中原造像股份有限公司
印刷廠 — 中原造像股份有限公司
裝訂廠 — 中原造像股份有限公司
登記證 — 局版台業字第 2517 號
總經銷 — 大和書報圖書股份有限公司 電話｜（02）8990-2588
出版日期 — 2021 年 3 月 5 日第一版第一次印行
2024 年 2 月 22 日第二版第一次印行

定價 — 新台幣 450 元
ISBN — 978-626-355-608-9
EISBN — 978-626-355-609-6（EPUB）、978-626-355-610-2（PDF）
書號 — BCB827
天下文化官網 — bookzone.cwgv.com.tw

天下文化
BELIEVE IN READING